写给经理人的数据挖掘书

运用大数据解决商业难题

Data Mining For Managers

How to Use Data (Big and Small) to Solve Business Challenges

【美】理查德·博伊尔（Richard Boire） 著

杨华勇　王若琼　译

人 民 邮 电 出 版 社

北　京

图书在版编目（CIP）数据

写给经理人的数据挖掘书 ：运用大数据解决商业难题 / (美) 博伊尔 (Boire,R.) 著 ; 杨华勇, 王若琼译. -- 北京 : 人民邮电出版社, 2016.6
ISBN 978-7-115-42400-6

Ⅰ. ①写… Ⅱ. ①博… ②杨… ③王… Ⅲ. ①商业信息—数据采集 Ⅳ. ①F713.51

中国版本图书馆CIP数据核字(2016)第095331号

内容提要

海量数据正在向我们袭来，你所在的企业准备好迎接这一挑战了吗？如何找出优质客户名单？如何防止特定的客户群体流失？针对哪些客户开展促销活动能够获得更大的回报？如何利用大数据和小数据，以商业人士和数据专家都能理解和认同的方式提高企业经营绩效？

理查德·博伊尔拥有近30年的数据分析和挖掘经验，他将数据挖掘的过程归纳为四个清晰的步骤，分别是锁定商业问题或挑战、建立分析文件、运用正确的工具和技术，以及执行与跟踪。本书围绕这四个步骤，介绍了相关的数据分析和挖掘的方法、工具、技巧、陷阱以及颇有启发性的真实案例。这些知识和经验可以帮助各类读者优化数据挖掘方案，提高投资回报率，并获得实实在在的市场竞争优势。

本书适合各类组织中的管理者阅读，也适合企业中的数据挖掘师、分析师等IT人员，以及营销决策者、业务负责人阅读，还可作为高校相关专业的师生的参考读物。

◆ 著 【美】理查德·博伊尔（Richard Boire）
译 杨华勇 王若琼
责任编辑 庞卫军
执行编辑 陈 宏
责任印制 焦志炜

◆ 人民邮电出版社出版发行 北京市丰台区成寿寺路11号
邮编 100164 电子邮件 315@ptpress.com.cn
网址 http://www.ptpress.com.cn
大厂聚鑫印刷有限责任公司印刷

◆ 开本：700×1000 1/16
印张：17 2016年6月第1版
字数：150千字 2016年6月河北第1次印刷
著作权合同登记号 图字：01-2015-2960号

定 价：59.00元

读者服务热线：（010）81055656 印装质量热线：（010）81055316
反盗版热线：（010）81055315
广告经营许可证：京东工商广字第8052号

Data Mining
For Managers
How to Use Data to Solve Business Challenges

推荐序

大数据、数据挖掘以及预测分析是当今工作中经常会碰到的术语和话题，但是人们真的理解这些概念吗？分析学是一门新兴学科，它现在正处于飞速发展阶段，然而分析对我们来说并不是一个新名词。借助计算机技术捕获、存储、管理以及处理海量数据，我们通过自身能力在很大程度上促进了这门学科的发展。数据挖掘和分析存在于各个行业以及当今社会的方方面面。无论是分析消费者及其购买行为，监测恐怖分子的活动，预测某一个人是否具备好员工的潜质，还是判断一位棒球手是否能够击中迎面飞来的球，都涉及数据挖掘和分析。无论你是否已经意识到这一点，数据挖掘和分析早已经无处不在。

在当今这个大数据时代，短时间内处理

海量数据这件事已经变得稀松平常，但是对大多数企业来说，如何利用大数据仍然是一个巨大的挑战。只有具备丰富经验、知识渊博的人才能在大数据迷宫中找到方向，并将原始数据转化为有意义、有价值的资源。在如今这个技术资本优于人力资本的时代，本书将加快你的学习步调。

理查德·博伊尔的这本书能帮助你从分析学领域的领导者身上汲取经验。早在出现“大数据”这样的概念之前，理查德就已经是数据挖掘领域的佼佼者了。通过阅读本书，你将从他长达 25 年的职业生涯的经验和教训中获益。

理查德解决商业问题时采用的兼具实用性和可操作性的方法贯穿于整本书之中。通过真实的商业案例，你将学会：评估或者定义自己所面临的问题；运用内部或外部数据解决问题；建立、创造以及筛选出最佳的工具或者解决方案；以及正确运用解决方案并评测这种方案所带来的影响。

作者作为导师和教师所获得的经验也将使你获益。你将了解到作者对于利用分析获得成功这方面的洞见。高效的数据挖掘者（或称数据科学家）无法独立工作。因为成功的数据挖掘需要团队合作以及不同学科之间的配合，例如数据库管理员（或称数据技术人员或者 IT 人士）和终端商务用户，这些人一般被称为“主题专家”（Subject Matter Expert，SME）或价值架构师。而最成功的解决方案往往需要人文与科学的结合。

我很荣幸在过去 25 年间以同事、合作伙伴以及朋友的身份与理查德·博伊尔共事。我在数据挖掘以及预测分析领域的知识都来自于他。这本书对读者来说是掌握这些知识的好机会，也是从业于数据挖掘与分析领域的人都应当阅读的一本好书。

——拉里·菲尔勒（Larry Filler）

博伊尔菲尔勒集团（Boire Filler Group）合伙人

Data Mining
For Managers
How to Use Data to Solve Business Challenges

目录

Data Mining
For Managers
How to Use Data to Solve Business Challenges

第 1 章

导论

创作一本数据挖掘图书的挑战在于如何避免拾人牙慧，与其他同类图书、论文以及研讨会的内容有所区别。随着数据量的激增，人们谈论这一话题的热情也空前高涨，然而真正为人所熟知的内容仅仅是冰山一角。本书的关注点在于数据本身，以及数据如何撬动商业杠杆，并最终提高投资回报率。数据挖掘之所以流行，是因为大多数商业人士已经意识到了信息的价值，并利用信息作决策，以获得更多利润。对现今的大多数企业来说，数据挖掘已经成为或即将成为商业中极为重要的一部分。因为数据挖掘还是一个相对较新的概念，所以了解相关知识对成功利用这一技术来说至关重要。诚然，这一领域的咨询业务正在逐渐兴起，也有很多人自称是数据挖掘方面的专家。但是企业必须明白一点，数据挖掘仍然属于新兴领域，很少有人在这一领域拥有丰富的经验。同其他学科一样，学习相关知识并掌握相关技能的关键就在于不断实践，并观察实践结果。尽管大多数数据挖掘的经验都来自于直销（Direct Marketing）领域，但是在其他领域数据挖掘的方法和过程都是相类似的。精通数据挖掘的关键在于如何处理数据。数据挖掘研究的是数据，以及我们如何从信息中提炼数据。这是数据挖掘的重点，也是本书将要重点阐述的内容。

数字影响力

经验丰富的从业者表示，随着新型软件和技术的爆炸式增长，他们如今所面临的最大挑战在于优化数据挖掘过程。而另一个棘手问题则是如何在网络环境中运用数据挖掘。例如，在市场营销部门中，从营销活动开始的那一刻，就可以进行数据挖掘分析。随着分析此类信息成为可能，人们的需求也日渐增长，他们开始追求加快此类分析数量和速度的工具及技术。过去，提炼有用信息大概需要 6~8 周的时间。而有了网络和电子数据之后，我们就能够即时整合信息。正因为如此，渴望掌握这一技术的人才越来越多，企业则希望更快速地获取深刻洞见，并提升自己的决策能力。

服务

数据挖掘领域仍然处于萌芽阶段，观察它将会给商业带来什么样的影响将是一件十分有趣的事情。数据挖掘对技术的依赖表明，这一行业将以工具和软件的形式飞速发展。而这一发展过程也将大幅增加对该领域从业者的需求。现在对数据挖掘从业者的需求正在不断增长，而目前的市场无法满足这一需求，并且大多数高校对此也无能为力。

人文与科学

尽管技术正在朝日趋复杂的方向发展——未来它有可能具备帮助我们发现目标市场的功能，但在任何时候，利用数据挖掘寻找解决方案都离不开人文因素。如果不能运用专业的商业思维去分析数据，那么很有可能得出错误的结论或者建议。

举个例子，某位零售商在数据挖掘中发现这样一个现象：啤酒和纸尿裤的销量成正比关系，并且相互之间影响很大。这是否意味着那些购买啤酒的消费者往往也愿意购买纸尿裤呢？深入调查之后发现，在无意识的情况下，某家商店的店员恰巧把啤酒与纸尿裤摆在了一起，而那些深夜来买纸尿裤的年轻爸爸们，往往会顺手再买几瓶啤酒。这件事告诉我们，深入调查就能发现原始数据中真正的商机。在这个例子中，由于商店中物品的摆放位置影响了数据挖掘的结果，因此它并不能真正反映消费者的购物意向。

再举一个例子，在某个时间点，新、老客户突然都出现了购买同一家企业产品的倾向。深入调查后发现，这家企业刚刚并购了另外一家企业，于是他们开始针对被并购企业的消费者开展促销活动。根据数据库中的记录，这些消费者购买被并购企业产品的习惯均维持了一年左右。因此，将这些消费者视为新客户显然是不妥的。

数据挖掘中的人文因素能够帮助分析师更好地理解结论。只有充分理解商业运作，才能真正懂得为什么会出现特定的结果。至少，分析师能够更充分地调查商业的不同侧面，从而找出暗藏在结果之下的真正原因。尽管数据挖掘是一种注重数据的技术，但是数据背后隐藏的商业知识才是帮助业内人士得出最佳结论的利器。

数据挖掘并不仅仅关乎技术，它更大程度上是利用技术找出商业解决方案，从而提高投资回报率（Return On Investment，ROI）的手段。这就要求企业在注重投资技术（例如购买软件和新的数据库系统）的同时，也注重投资智慧资本。事实上，比起投资前沿技术，成功的企业往往更加注重投资人才。数据挖掘获得成功的关键就在于找出解决方案，在最小粒度上提高投资回报率。大多数情况下，这个最小粒度指的是消费者个人层面。

数据挖掘既是一门科学，也是一门行业学科，它一直处于发展变化之中。但是，对一位成功的数据挖掘师来说，必须注重数据挖掘中的人文因素。与此同时，还有很多人认为数据挖掘能够为社会带来有益影响。例如，如果能够为任意一款商品在最恰当的时机找到最合适的消费者，将大大缩减行销成本，从而有效增加边际利润。这种方式往往能够 100% 甚至更高幅度地提高投资回报率。最终，高投资回报率会进一步降低成本，增加收入。在信用风险或者信用欺诈领域（这一领域通常被视为数据挖掘的发源地，我们会在后面的章节中详细论述），分析师需要辨别哪些人有可能无力偿还贷款，或者从欺诈的角度说，哪些人的消费模式有些异常。如果数据挖掘能够降低哪怕 1% 的信用风险或者预防 1% 的欺诈行为，就能够挽回上百万的损失，这些最终都将对盈亏平衡造成直接影响。

行业观察

医疗

通常情况下，在医疗以及健康领域，医生通过分析大量的数据和信息来确认病人的病情。如果能够查看病人病史，并参考其他病人的病史，即使遇到相对罕见的病症，医疗专家也能够及时确诊。病人病史中包含了大量数据，检索这些数据能够帮助医生准确地为病人制定治疗方案。多亏了数据挖掘技术，当今的医疗专家能够分析病人数据，从而迅速为病人制定最佳的治疗方案。

政府与执法

政府部门通常将数据挖掘当成执法工具。如果把数据挖掘看成是一种学习知识的手段，那么，掌握知识的关键就在于能够在数据中发现独特的模式。我们都了解执法中的“侦查过程”，这是指侦查人员利用自己的知识进行分析。这些知识包括了侦查过程中的线索、过去的经验，以及侦查人员的判断。掌握这种知识需要投入大量的时间和精力。只有掌握了这种知识，侦查人员才能找到独特的模式，从而确认嫌疑人。而有了数据挖掘技术，这种模式就可以在更大程度上实现自动化，我们可以获取大量侦查人员在成千上万的案件中获取的数据和信息。将这些数据和信息汇总在一个分析文件或者数据库中，对它们进行计算和分析，就能够发现特殊的行为模式和事件，从而解决案件。

除了帮助解决案件，这些数据还能用于确认哪些城市容易发生哪种类型的犯罪。在数据挖掘的过程中，通过寻找特定案件的相关信息，我们就可以预测未来事件。有了这些数据，警察就能快速锁定目标。通过优化城市资源配置，我们就可以根据某个城市特定区域的犯罪类型和数量指派相应数量的负责人去解决。例如，在市长鲁道夫·朱利亚尼（Rudolph Giuliani）的领导下，纽约市就在利用这一技术减少重大犯罪的犯罪率，尤其是谋杀。自 20 世纪 70 年代末到 80 年代初，犯罪率高已经成为纽约市的一大特征。现在，纽约市的谋杀犯罪率不到 20 世纪 70 年代末谋杀犯罪率的三分之一。数据挖掘技术的应用是犯罪率下降的主要原因之一。

“9·11 事件”之后，将数据挖掘作为执法工具的概念就变得更加明晰。“9·11 事件 ”之后，美国政府成立了一个部门，专门监测不同政府部门搜集来的个人数据，并利用这些数据对抗恐怖主义。这个庞大的数据库中包含了医疗、保险以及银行等领域的数据。实际上，政府能够收集到一个人一生中所有活动的资料。除了对于个人隐私的担忧，反对这一做法的其他理由是为了阻止恐怖袭击开发相关工具和解决方案需要进行海量的监测。对“9·11 事件”以及预防未来恐怖主义袭击，争论的焦点在于无法搜集到足够的数据来鉴别基地组织恐怖分子的特征，因为我们拥有北美地区大量的人口统计信息，但我们仅仅有 19 个数据点（即 19 名恐怖分子）。

各种辩论和争议都聚焦于如何利用数据确认潜在的恐怖分子。在这些讨论中衍生出了一个“种族形象定性”的概念，和这种行为可能带来的结果。通过数据挖掘，执法部门能够锁定某一类高危人群（即进行种族形象定性）。但是像种族形象定性这种敏感的处理方式，需要我们在保障公共安全和防止执法歧视之间寻求一种平衡。许多重要的利益相关者都需要参与到这种具有启发性的讨论中来。我希望政府最终能够制定出一种政策，为执法过程中的种族形象定性这种行为提供指导和规范。

数据挖掘实战经验

1983 年获得 MBA 学位之后，我开启了自己的直销生涯。幸运的是，我能够把自己学到的知识应用到统计学中。就像大多数大学生一样，我自信能够在企业中有所作为。然而，尽管我确实在自己的岗位上为公司作出了贡献，但是公司对我的帮助更大，它让我能够在商业中应用统计学，从而开辟自己的事业。在这个过程中我发现，我们需要遵循统计学中那些晦涩难懂的规则，但也需要灵活变通。例如，在大多数情况下，我们都不会按照传统的假设对样本群进行统计分析，因为商业环境中只有非常态样本才需要这样做。常态样本是指反映样本某种特征（如年龄、收入等）的数据中，一半低于平均值，另一半高于平均值，数据呈钟形曲线分布。尽管如此，商业领域还是一直在应用统计分析的方法，这纯粹是因为数学家的恐怖能力——他们能够计算出令人满意的数据，让人看到极大的增量利润。关于直销领域的统计学应用，我最想强调的也许就是不必完全遵循统计学规则。在学术界，最常见的回归分析数据就是 R^2 的值大于或等于 0.7（我们会在后续章节中详细讨论这个话题）。而在直销领域，数据通常显示 R^2 的值小于或等于 0.05，而这种情况仍然属于正常范围。学术界中的非常态数据放在商业活动中就属于正常数据。出现这种差异的原因在于，不同领域对特定解决方案的看法完全不同。关于这个问题，我们也会在后续章节中详细讨论。

正如任何一本意义重大的图书一样，这本书与其他作品有所区别。如果你希望看到一本论述数据挖掘领域数学与技术之间细微差别的作品，那么请放下这本书。但如果你希望寻找一本从商业实践角度解读数据挖掘的读物，那么本书绝对不会让你失望。我将从实践角度聚焦于数据挖掘，讲述自己 30 多年来在商业领域应用这些工具和技巧的经验，让你有所收获。但是我绝不是要用这本书把读者塑造成一位数据挖掘专家。如果你在数据挖掘领域已经有一定的经验，那么这本书能够帮助你从另一个角度理解数据挖掘。还要明确的一点是，这本书讲述的是加拿大数据挖掘领域中的经验。现在市面上的数据挖掘图书大多都是美国人基于美国市场而得出的经验，现在换一种角度，相信能够帮读者从整体角度理解该领域。如果这本书对你来说具有参考价值，能够帮助你理解特定的数据挖掘战略和这一技术对某个商业问题的影响，那么我就实现了创作这本书的目的。

衷心希望你们喜欢这本书。

Data Mining
For Managers
How to Use Data to Solve Business Challenges

第 2 章

从历史角度解读数据挖掘的发展

创作任何一个学科的书，都需要先了解其历史。数据挖掘经历过怎样的挑战和发展，才成为了今天商业领域中的前沿技术？为了了解数据挖掘的历史，我们要先从早期运用这一技术的实践者们谈起。他们就是大型目录直销公司和出版社的直销人员。

1982 年，刚刚获得 MBA 学位的我有幸成为这些先锋直销企业中的一员，我在《读者文摘》（*Reader's Digest*）获得了一份工作。那时，我在列表选择部门做回归分析。尽管我们为直邮开发出了回归预测模型，但是在涉及单个客户数据时，我们仍然需要做分析和市场细分的工作。我和部门同事们是《读者文摘》的客户信息专家，并且亲眼见证了商业文化带来的巨大投资回报率。自然而然的，我认为这是大多数企业都有的一种典型业务流程。但是，通过跟那些 20 世纪 80 年代初在各个行业龙头企业中打拼的同事们交流，我发现事实并非如此。当时，我们这些人没有那些了不起的头衔，像业务分析专家、新概念分析师、数据科学家或者客户关系管理（Customer Relationship Management，CRM）分析师这些职位根本就不存在，因为当时还处在数据挖掘和预测分析的萌芽阶段。

我意识到了数据挖掘技术在提高整体投资回报率方面的巨大商业潜能，并了解到《读者文摘》只是少数应用这一技术的企业之一。我看到了数据挖掘领域巨大的创业机遇。但是，这一领域的一大阻碍就在于技术。在当时的直销市场中，可应用统计技术的计算设备成本高昂，因为那是 1982 年，个人计算机还没有问世，我们所有的工作都是在主机[①] 上完成的。但在当时，《读者文摘》的分析环境非常稳健、高效。我们针对每一位客户都建立了广

① 主机是指可同时供多人使用的大型计算机。——译者注

泛的历史记录。我们知道消费者什么时候会收到推销广告，他们多久会收到一次推销广告，收到推销广告之后多久会产生一次购买行为。有了记录推销广告和购买行为的数据，我们就能在此基础上建立有效的模型。根据特定的推销历史，我们针对每一条产品线都设立了多种模型。例如，针对那些一次性消费图书（One-Shot Book，OSB），根据最近一次的订单，我们会为 0-3 OSB 建立一个模型，为 4-6 OSB 建立一个模型，然后针对 6+ OSB 再建立一个模型。除此之外，针对每一项产品促销历史信息，我们针对每年的不同时段也建立了多种模型，这样可以确保季节性对促销活动的影响也考虑在内。

在大多数情况下，我们的细分战略以及模式都是在之前活动获得的数据基础上制定的。通过直觉对这些过往数据进行判断，我们就能对新的细分业务作出正确决策。在那些明显会产生新增利润的情况下，我们会应用统计分析。为了保持在直销领域的领先地位，《读者文摘》向来都是实践新技术和新方法的先驱。也就是说，《读者文摘》更倾向于寻找目标客户，而不是被动地增加或者删除客户名单，或者一味依靠促销邮件。

我们在应用统计学的时候相当谨慎，这是因为商业活动中评估不同的统计学技巧时不会完全按照纯粹的学术观点去评判。例如，通常情况下，学术界认为评估多元回归分析法时，R^2 的值应该保持在 70%~80%，如果达到 100%，那么就达到了完美状态。从本质上来讲，这个基准衡量的是数据总变差模型得出的解释变异的数量（关于 R^2 的概念，我们会在后面的章节中详细讨论）。但是在直销活动中，R^2 的值徘徊在 1%~4% 是十分正常的。即使 R^2 值偏低，但是应用了预测模型之后，这些活动仍会取得成功。在商业世界中，大量的随机变量十分常见，并非个例。预测模型只解释了这些变量中的一小部分，但是却为《读者文摘》带来了巨大的商业利益。这种评估技术及其对商业数据的影响力对任何评估过程来说都是十分关键的。由于应用了这一技术,《读者文摘》才能创造出相应的企业文化，让统计知识和商业知识相结合。

正如任何一种新的商业流程一样，如果希望通过数据挖掘技术带来有利的结果，就必须培养正确的企业文化。尤其是管理者，他们必须具备积极的心态，并且愿意接受变革，学习新事物。如果数据挖掘没有良好的环境，即使聘用一流人才，应用一流技术也无济于事。例如，如果某家企业从零开始学习应用数据挖掘，那么它面临的关键问题就是如何成为这门学科中的佼佼者。

对营销人员来说，他们习惯用首字母缩写或者流行语来指代最新的广告或者活动，他们描述那些工作环境中改变他们思维方式和执行过程的流程或文化时，往往也会使用相同的表达方式。数据挖掘领域也是如此。许多图书和文章都就这一内容展开了讨论，但是没有人敢自称是该领域的专家。因为越来越多的研讨会正在研究这些技术，相信很快就会出现相关的专家。但事实上，数据挖掘仍然处于萌芽阶段。

正如当今社会中的其他变化一样，技术进步使得越来越多的人可以参与到其中。在20世纪70年代末到80年代初期，只有大型的直销企业，如《读者文摘》，使用了数据挖掘技术。之所以能够运用这一技术，是因为它们在建立准确的市场营销数据库方面投资了数百万美元。这种技术投资是明智的，因为直销正是这些企业的核心业务。

直销往往由于发送所谓的“垃圾邮件”而声名狼藉。但是直销成功的核心原则之一正是数据挖掘的重点所在。换言之，拥有了解客户或者潜在客户信息的能力，并且将其应用在商业活动中，这对直销或者客户关系管理活动来说正是成功的关键。作为成功直销企业的实践者，《读者文摘》的技术人员知道如何促销，促销什么，以及在什么时机促销。然而，对大多数企业来说，这并不是它们关注的重点，因为直销活动只是它们市场预算中的一小部分。对20世纪70年代末至80年代初的大多数营销人员来说，其商业模式的目标就是增加利润，这也是那个时代的主流商业文化。然而过去25年来的技术进步不仅改变了社会功能，同时也彻底改变了社会预期。有了技术，我们都寄希望于用更少资源施展更多作为。

因此，消费者们每天都淹没在各种信息当中，企业希望他们能够正确回应企业发出的每一条信息。随着网络成为越来越重要的营销渠道，我们也拥有了收集以及处理个人信息的渠道。这也就意味着我们需要立即决定如何通过这一渠道与消费者沟通，并且及时调整策略。在过去的直销环境下，发起一场活动之后我们需要等待数周才能收集到消费者的信息。网络的动态性以及互动性使数据挖掘成了商业实践中不可或缺的一部分。

获取数据变得越来越容易，更重要的是，我们运用数据的能力已经成为当今商业环境中的有力竞争优势。在这种环境中生存的企业，可以通过投资回报率来评估其营销活动。与此同时，这些企业还能发现哪些是促进因素，哪些不是。这个动态的学习过程可以让企业不断改进。这正是成功运用数据挖掘的关键。执行活动和学习是一个循环过程，它们不断给出反馈，从而提高未来营销活动取得成功的概率。

图2-1诠释了这个过程。下面是一个真实案例，它能让我们了解企业是如何在数据挖掘实践中不断改进的。

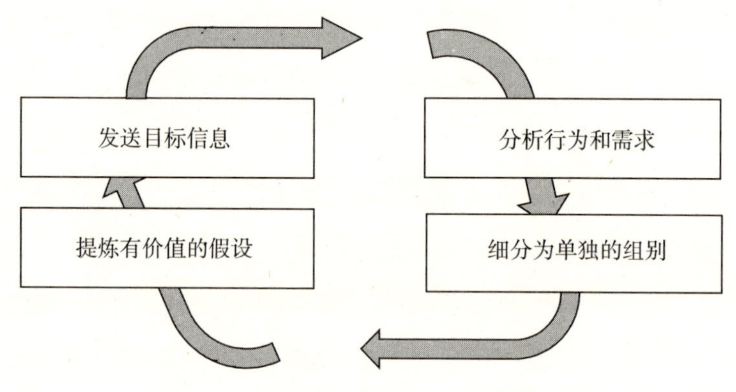

图 2-1　数据挖掘学习和执行的循环过程

案例研究：美国运通——数据挖掘如何随着时间不断演化

20 世纪 80 年代，美国运通公司绞尽脑汁希望发展更多会员。事实上，它的股价直接与新卡发行量挂钩。到了 80 年代末期，运通公司找到了足够多的潜在客户，但是发行新卡的成本却翻了一番。为了摆脱这种困境，运通公司开始购买符合会员特征的潜在客户名单。这些名单大多来自《商业周刊》(*Business Week*)、《福布斯》(*Forbes*) 杂志以及《财富》(*Fortune*) 杂志的订阅者，这带来了很好的效果。然而，这些名单中的人毕竟是少数，无法填满运通公司庞大的新客户群。最终，运通公司决定在更广的范围内寻找潜在客户，以成本更加低廉的方式开发新客户。这个解决方案分为两个部分。

第一，运通公司建立了一个潜在用户历史数据库，里面录入了潜在客户的个人信息。其中的关键信息包括他们获得促销信息的历史以及性别。有了这个数据库，运通公司开始根据促销历史将客户群分为两类。一类是新客户，另一类是老客户。

第二，运通公司建立了一个预测模型，能够同时应用于两类客户，从而提高产出率。通过加拿大数据统计局提供的总体水平数据，运通公司建立了总体产出模型，这一模型将经营绩效提高了 50%。但是与此同时，消费者的认可率却明显下降。运通公司发现那些最有可能带来产出的是那些追求信用的群体。这意味着运通公司需要新的工具来锁定目标客户，从而优化净产出率（包括总体产出和认可），而不仅仅是总体产出。于是运通公司开发出了一个净产出模型，这个模型再一次帮助它提高了 50% 的经营绩效。但是这一次，运通公司因为拥有了信誉良好的会员而大幅降低了成本。最终，运通公司在第一年有效减少了信用损失。但是运通公司也明白，尽管净产出率能够优化，但是新会员有可能无法带来利润。换言之，这些用户很可能不会使用这些卡，甚至会注销账户。因此，运通公司再次决定在优化净产出率的基础上，筛选出能够在第一年内带来利润的新用户。

把能够预测出产出、损耗（注销账户）和信用风险的解决方案综合起来，就能够估算出客户利润率的近似值。之所以使用了“近似值”和“估算”这些词，是因为在定义利润率时，并没有涵盖所有的固定成本、可变成本、固定收益以及可变收益。因为如果在计算利润率的过程中考虑所有的（固定的以及可变的）成本和收益，将耗费过多时间，并且无益于实现目标。我们的目标是计算出一个相对的利润率，而不是准确定义客户利润的概念。也就是说，我们能够得到一个大致的利润率指标，从而将消费者区分开来。即便如此，认可和达成一致的重要性也远甚于分析部门。金融部门、市场营销部门、运营部门，以及相关系统都将作为利益相关者参与其中，它们能够确保企业与消费者互动的过程中这种所谓的利润指标能够作为一种重要的衡量标准。在这个过程结束的时候，所有的重要利益相关者都能就这一利润指标达成共识。明白这个指标只是一种相对值之后，企业就可以将不同的客户分类，利润值较高的分在高盈利组，利润值较低的分在低盈利组。

既然所有结果都是基于这一利润指标得出的，那么下一步就是让分析师利用现有的分析工具，从单个用户的层面计算出这个指标。本案例使用了 SAS（Statistical Analysis Software），并将结果以报告的形式呈现出来，以便与其他关键商业指标（Key Business Indicators，KBI）相比较，表2-1就是其中一种报告。

按照表 2-1 所示的报告，利润指标能够根据 KBI 指标的顺序，准确评估客户保留效果、客户支出以及信用风险。利润指标同时还能用于准确评估客户支付的平均时间以及购买商品的平均数量，但与其他 KBI 相比，作用稍为逊色。

表 2-1　KBM 报告及客户回报价值示例

基于客户回报价值排名的客户占比	平均回报率指数	平均保留率指数	客户月均支出指数
0%~10%	5	4.5	4.2
11%~20%	4.2	3.9	3.7
21%~30%	3.2	2.8	2.6
31%~40%	2.7	2.6	2.2
…			
91%~100%	0.3	0.3	0.5

基于客户回报价值排名的客户占比	平均信用风险指数	平均支付时间指数	其他产品平均排名指数
0%~10%	4.4	3	2.8
11%~20%	4	2.6	2.4
21%~30%	2.9	1.9	2
31%~40%	2.7	1.6	1.5

（续表）

基于客户回报价值排名的客户占比	平均信用风险指数	平均支付时间指数	其他产品平均排名指数
…			
91%~100%	0.5	0.75	0.7

这种报告能够为利益相关者提供有价值的信息，帮助他们判断利润指标是不是判断盈利情况的有力工具。

经过所有利益相关者认可之后，利润指标就可以用来预测盈利。这时，分析师可以建立模型，预测净增产出和利润。利用这些模型得出预期投资回报率，就能衡量未来的发展前景。公式如下：

预期投资回报率 = 预期利润 / 预期净增产出。

预期净增产出

经过数年的实践，最终得出了如图 2-2 所示的结果和决策报表。

结果显示，运通公司的营销团队不仅能够根据投资回报率选择预期结果，也会将净增产出视为重要依据，因为他们衡量业绩的一个关键指标就是有效卡的数量。而在实践中，这种决策工具使营销人员能够证明优化投资回报率带来的影响——降低获得新用户的成本。

本案例演示了企业如何利用数据挖掘技术制定适合自身的获取新客户的战略。不同阶段的决策过程都建立在结果和投入的基础上，同时兼顾了企业为了改善现状而需要付出的努力。

预期净增产出（1 代表最高，10 代表最低）

预期投资回报率（1 代表最高，10 代表最低）

	1	2	3	4	5	…	10
1							
2							
3							
4							
5							
…							
10							

图 2-2　10 X10 增益图矩阵

Data Mining
For Managers

How to Use Data to Solve Business Challenges

第 3 章

新经济时代的数据挖掘

在此需要明确的一个重点是，过去为了完善战略而进行的学习反馈过程，可以更加细化地应用于改善未来营销战略，包括确认具体的工作任务和战术。成功的数据挖掘包含了不断学习未来活动的过程。

市场营销环境是以之前学习的知识为基础的一种学习环境。如图 2-1 所示，不断循环的反馈过程代表的正是数据挖掘实践背后的学习理念。

然而，就像所有的商业活动一样，数据挖掘的关键在于把正确的人放到正确的位置。无论在这方面进行任何投资，首先关注的都应该是人才，其次才是技术。

数据挖掘的定义数不胜数。尽管许多专家和权威人士对数据挖掘进行了解读，却很少有人关注这一领域中从业人员的重要性和责任。毋庸置疑，数据挖掘对营销中各个职位的人都有重大影响。数据挖掘师或者数据分析师现在仍然是一种相对较新的职业，尽管像美国运通公司以及《读者文摘》这样的传统大型直销公司早就拥有此类人才，但是他们将这些人称为模型分析师，或者统计分析师。

成功的数据挖掘师能够将技术与商业有效结合起来。在大多数情况下，这里的“商业”都是指营销。但是，其他部门（例如执行部门）也需要数据挖掘师，尤其是在那些评测顾客个体层面风险的活动中。为了在各个领域之间构筑起信息桥梁，消除沟通障碍，数据挖掘师在任何时候扮演的都是多面手的角色。

不过，在职业生涯初期，数据挖掘师通常需要把重点放在技术专长上面。这种专长是敲门砖，企业根据它选择那些头脑灵活且适应性强的人，这些人会逐渐成长为能够胜任各种职位的多面手。这并不是一件简单的事情，因为多面手与技术专家存在很大的差别，但是成功的企业家往往看重能够同时掌握专业技术和通用技能的人才。

解释一下数据挖掘师的角色和职责能够帮助大家理解这些看似冲突的技能。举个例子，商业活动中的关键利益相关者遇到了挑战，那么数据挖掘师就必须知道数据挖掘能够在什么地方发挥作用。具体来说，某一家企业 X 产品的保留率是 10%，而 Y 产品和 Z 产品的保留率为 90%。很明显，这家企业面临的首要问题肯定不是找出最有可能取消 X 商品订单的用户。对这家企业来说，最好首先认真分析整个商品供应链，而不是专注于寻找目标客户。相反的，如果 DEF 公司过去 5 年间客户数量不断增长，但是过去 2 年内每增加一位新客户的成本也急剧上升。那么，这时就应当运用更好的定位目标客户的工具进行数据挖掘，从而找出降低获取新客户成本的方法。

这些例子说明，只有具备了商业通才技能，才能及时发现数据挖掘带来的机遇和挑战。一旦发现危机，数据挖掘师需要利用专业技能找到正确的数据源、技术和工具，从而找出解决方法。确立解决方案之后，应用这一方案的过程需要数据挖掘师同时扮演两种角色。具体来说，在设计测试矩阵和跟踪矩阵的过程中，数据挖掘师扮演的是商业通才的角色，他们需要保证其中的学习过程和商业目标得到了优化。与此同时，他们也需要利用专业技能分析数据，建立矩阵。

数据科学家扮演着一种新的商业角色，他们在当今的大数据社会中变得举足轻重。事实上，这一角色与数据挖掘师的角色有着异曲同工之妙。但是，越来越多的人认识到，数据科学家最重要的能力是在技术领域和商业领域之间建立桥梁。当然，如果对解决方案无法作出正确的商业判断，不能从投资回报率的角度衡量最终的结果，即使数据挖掘师拥有再多的专业技能也是徒劳的。以下列举出了一些利用数据挖掘技术解决商业问题时需要注意的因素。

（1）商业目标是什么？

（2）理想的解决方案是什么？它们是否具有战略性？

（3）数据环境的限制有哪些？

（4）怎样构建合适的数据环境？

（5）商业预期是什么？

（6）将要运用哪些工具和技术？

（7）怎样应用解决方案？

（8）怎样测试和跟踪结果？

我们都不同程度地经历着当今经济时代的剧烈变革。在2008年金融危机的冲击下，世界经济表现得不堪一击，世界范围内出现了大量失业。在一些特定的行业，例如制造业，一些职位彻底消失了。这些巨大的经济变革已经不再是什么新鲜事物，经济历史学家们可以列举出无数类似的历史事件。除了经济变革和对合作的需求正在变得越来越依赖知识之外，我们同样见证了社会变革。现在，越来越多的人开始关注环境变化以及我们应当如何有效利用资源。对那些直销企业来说，最大的挑战在于如何用最少的资源推广营销项目。例如，现在已经很少有人漫无目的地开展直邮活动了。

对完成特定任务来说，新经济还导致企业资源减少。能够胜任的人正变得越来越少，用更少的资源完成更多的事是现在的主要难题。

经济和社会变革的结果是增加了一种需求，要求更多人具备将数据转化为商业智慧的能力。显而易见的是，新经济对数据挖掘和分析人才的需求将会出现剧烈增长。

第3章

新经济时代的数据挖掘

投资回报率：数据挖掘和分析的关键结果

即使在经济衰退时期，对数据挖掘专业人才的需求也仍然处于上升趋势。这一点不足为奇，因为新经济的主要需求之一就是责任制。在营销中，责任制就是衡量标准，相应的营销口号是“可以衡量的工作才能完成”。对大多数营销人员来说，为每一项营销活动确立投资回报率是普遍现象，而数据挖掘师和分析师是营销团队中不可或缺的成员。数据挖掘师理解数据的能力和对营销活动的需求能够帮助企业建立投资回报率模板，并将其应用在每一次营销活动中。

优化投资回报率的数据挖掘方案

除了通过衡量标准确立责任制，新经济还需要使投资回报率最大化的解决方案。这一点与过去不同，在20世纪，传统的营销目标往往是利润最大化。数据挖掘行业的另一个传统重心就是开发预测模型，在既定成本（例如增长率）的前提下实现利润最大化。对很多企业来说，数据挖掘仍然是一个让人望而生畏的领域，而非常见的商业手段。如何才能改变企业的这种认知？关键在于找到那些能够快速见效的方法，让短时间内发生的巨大积极影响说服它们。

快速见效的消费者价值

我们来举一些快速见效的例子。对企业来说，见效最快的就是确认最佳消费者。利用“80/20 原则”，我们能够证明企业的利润是如何分布在不同的消费者身上的。汇总过去 12 个月中通过消费者购买行为产生的收入（在衡量消费者价值时，大多数企业往往过度重视这一数据），我们就能建立一个衡量消费者价值的标准。我们将消费者分为 10 等份，第 1 组代表价值最高，而第 10 组代表价值最低，如表 3-1 所示。

这种类型的报告（通常称为“利润表”或“等分报告”）表明，企业收入的 60% 都是由 20% 的消费者（第 1 组和第 2 组）带来的（并不完全符合上文提到的“80/20 原则”）。前两组消费者代表价值最高的消费者。第 3、4 组的消费者则具有中等价值，他们为企业带来了 25% 的收入。而低价值消费者就是表格中剩余的部分（第 5~10 组），他们仅仅为企业创造了 15% 的收入。这些信息对企业制定有效的消费者管理战略来说至关重要。根据消费者的价值，按照不同的消费者分组将营销活动按照次序排列，将会产生巨大的回报。例如，企业应当把大批资源分配给具有最高价值的消费者。

表 3-1 价值细分报告

消费者分组	消费者数量	各组贡献收入占比	组别
1	50 000	35%	高价值消费者
2	50 000	25%	
3	50 000	15%	中等价值消费者
4	50 000	10%	
5	50 000	5%	低价值消费者
6	50 000	3%	
7	50 000	3%	
8	50 000	2%	
9	50 000	1%	
10	50 000	1%	

快速见效的变化

还有一个快速见效的例子与消费者行为变化息息相关。从历史的角度来看，营销人员热衷于发现消费者的行为变化，尤其是那些随着生命周期变化而改变的行为。而发现这些变化的关键在于我们对消费者行为以及人口统计数据的熟悉程度。如果目标消费者是一位即将毕业的大学生，营销人员就能够根据这一关键信息设计出迎合其需求的方案。具体来说，如果某一位消费者刚刚步入 65 岁，他的某些消费行为就会发生彻底转变。例如，他在汽油上的消费将会减少，而在旅游上的消费将会增加，那么我们可以推断出他现在进入了退休阶段。再举一个例子，如果我们发现某位已婚人士在家具上面的支出大幅增加，那么很有可能他（她）刚买了房子。如果这位已婚人士开始大量购买童装，那么他（她）可能已经为人父母。在这些例子中，我们都在利用数据进行推断。有了数据我们就能够得出相应的结论，但是数据的类型非常重要，因为它们将决定我们推断的正确性以及我们将如何利用这些结论。例如，假设某位 30 岁的消费者改变了投资组合方式，不再投资高风险的证券，转而青睐于低风险的项目。之所以产生这种变化有多种可能，也许这位消费者结婚了，组建了家庭；也许他（她）只是改变了投资策略。无论是哪种情况，甚至来不及判断消费者行为变化的真正原因，营销人员就必须开始制定策略来应对这一变化。

快速见效的参与方式

从数据挖掘的角度来看，关注变化和消费者价值都是快速见效的方式，另外一种快速见效的方式则与消费者参与有关。尽管很多时候参与和消费者价值相类似，但是两者并不完全相同。银行的高价值客户名下可能有巨额贷款和巨额按揭，但他们总是按时还贷。从这种互动方式来看，这类消费者的参与水平就很低。我们必须通过其他信息来判断消费者的真正参与水平。随着数字营销的发展，我们通过观察消费者活动就能发现，消费者的参与范围正变得越来越广。他们通过邮件、浏览网站以及拨打客服电话的方式与企业进行沟通。这种通过各种渠道进行沟通的方式与购买行为和响应行为综合在一起，可以帮助我们建立一套完整的衡量消费者参与方式的标准。

在当今的新经济形势下，数据挖掘和分析正在成为一门更加普遍的学科。然而，由于它仍然属于新兴学科，很多人都认为数据挖掘和分析不过是一种更加先进的统计技术。这种误解使这门学科显得更加深奥，而事实上，在实践中简单利用数据就能带来卓有成效的结果。

在评估和优化项目时，分析师与营销人员通常会将项目与那些容易实现且能收到成效的目标相结合。这些项目在过去从未运用数据挖掘的方式进行分析，但也能够用最少的资源在短期内带来巨大的回报。而那些较难实现的目标同样能够带来巨大的利益，只是需要更多的资源和投入。在大多数情况下，实践者都会专注于那些已经进行过一些数据挖掘的项目，他们工作的目的是提高这些项目的回报。

成功取决于人的因素，对一个项目来说尤为如此。因此，必须有一支优秀的团队为项目服务。如果能够同时拥有数学、统计学和数据库方面的专家，还有精通数据挖掘技术的商业人才，在设计出一种多学科的解决方案之后，项目必定会取得成功。

组织和管理信息也是关键的成功因素。高性能的数学解决方案的成功取决于投入（数据和信息）的质量。

第3章

新经济时代的数据挖掘

在数据挖掘的过程中，实践者必须时刻高度警惕项目周期。也就是说，实践者不仅要尽量保证结果最优化，同时还要在特定的营销活动中不断学习。

任何一个成功的项目都离不开“商业冠军”。这个人不是数据挖掘师，而是一个典型的营销活动的关键人物，他掌控着所有项目的结果，包括那些需要应用数据挖掘工具的领域。这个人在数据挖掘领域取得过成功的特权让他（她）成为了整个团队的“福音传道者”。

Data Mining
For Managers
How to Use Data to Solve Business Challenges

第 4 章

数据挖掘在客户关系管理评估中的应用

正如之前所说，数据挖掘并非只能针对特定问题设计解决方案，比如针对电话公司用户建立保留模型。数据挖掘也可以用来制定整体战略，比如制定广泛的市场细分战略。在一种更加普遍的程度上，数据挖掘能够用来判断客户关系管理项目是否有作用。它在以下领域发挥着测量和评估的作用：

- 从整体上评估客户关系管理的效果；
- 开发整体市场细分战略。

从整体评估客户关系管理

在这一情境中，通过测试项目或者证明某些概念就能在投资最少的情况下，迅速获得必需的信息。

在这个基础层面上，最终的目的是判断客户关系管理战略能否提高投资回报率。根据初步试验得出的结果，我们能够检验并形成最终的客户关系管理战略。下面举个例子来说明这一过程。

ABC 公司对目前客户保留的整体状况感到不满，正在寻找对策，准备采取诸如客户关系管理保留项目这样的措施。在初步测试中，结果显示保留项目能够将客户保留率提高 2%。这一数据就是制作电子表格（见表 4-1）的关键标准。在测试之前，客户保留率为 85%，初步测试之后，这一数据提升至 87%。在两组数据中，每位顾客消费 300 美元时的预计利润均为常量。

表 4-1 通过 5 年投资回报率评估客户保留项目

	第 1 年	第 2 年	第 3 年	第 4 年	第 5 年
保留项目之前					
客户数量（人）	10 000	8 500	7 225	6 141	5 220
每年每位顾客平均利润（美元）	300	300	300	300	300
每年的净利润(美元)	3 000 000	2 550 000	2 167 500	1 842 375	1 566 019
客户保留率	85%	85%	85%	85%	85%
保留项目之后					
客户数量（人）	10 000	8 700	7 569	6 585	5 729
每位顾客的保留成本（美元）	5	5	5	5	5
保留项目的总成本（美元）	50 000	43 500	37 845	32 925	28 645
每年每位顾客平均利润（美元）	300	300	300	300	300
总利润（美元）	3 000 000	2 610 000	2 270 700	1 975 509	1 718 693
每年净利润（美元）	2 950 000	2 566 500	2 232 855	1 942 584	1 690 048
客户保留率	87%	87%	87%	87%	87%
累计差别					
项目之前的累计净利润（美元）	3 000 000	5 550 000	7 717 500	9 559 875	11 125 894
项目之后的累计净利润（美元）	2 950 000	5 516 500	7 749 355	9 691 939	11 381 987
项目之后的累计增量利润（美元）	（50 000）	（33 500）	31 855	132 064	256 093
保留项目的累计增量成本（美元）	50 000	93 500	131 345	164 270	192 915
投资回报率	–100%	–36%	24%	80%	133%

在创建这一表格的过程中，也许会有人希望看到短时间内的变化（例如1年）从而评估保留项目的影响力。然而，在评估整体战略时，我们要从长期来观察影响力，这一时间段通常是5年。对许多战略项目来说，例如比较同一次活动中两种交互方式的影响程度时，1年的时间就足够了。但是，在评估客户关系管理保留战略时，之所以设置5年的时间段，是因为我们希望能够长期留住客户，而不仅仅是留住他们1年。

表4-1中的数据以10 000名客户为基准。我们可以看到，最初的两年中企业一直处于亏损状态，但是第3年开始，随着客户保留率从85%增长到87%，不断累积的影响作用就能使企业开始盈利。就像大家预期的那样，根据保留项目不同的成本，我们可以进行各种各样的假设分析。除此之外，我们应该根据客户保留率提升2%左右这些数据，计算整体利润和投资回报率。表4-2是对各种投资回报率提升2%进行的敏感度分析。

尽管这个例子看起来非常容易实现，但我们必须牢记一点，在进行此类分析时，最基本同时也最重要的就是“简单”二字。在制作这些表格时，我们首先需要确定基本衡量标准，这些衡量标准受到项目的影响，并且会逐渐累加。正如表4-2所示，我们假设敏感度分析可以充分反映不同情境下能够实现的各种结果。在这个例子中，最终的结果从32 000美元并提高1%的保留率到945 000美元并提高5%的保留率不等。得到这些不同的结果之后，最重要的是分析师要能设计出一种错误率最小的测试项目。例如，如果保留率提升了2%，精确度为95%，那么置信等级就是1.9% ≤ 2% ≤ 2.1%。我们可以推断出，在测试中，每100次中有95次预期保留率会提高1.9%~2.1%。如果在这个误差范围内重新研究以上的敏感度表格，就能够得到更加精确的结果，以便进一步管理（见表4-3）。在本例中，利润范围是2.33亿美元到2.78亿美元，这一范围远远比最初的3.32亿美元到9.54亿美元精确得多。

表 4-2　5 年内不同保留率改进度下的客户关系管理项目投资回报率

提升的保留率	累计利润（美元）	投资回报率
1%	32 966	17%
2%	256 093	133%
5%	954 651	466%

表 4-3　提高 2% 保留率，95% 置信水平下的客户关系管理投资回报率

提升的保留率	累计利润（美元）	投资回报率
1.9%	233 565	121%
2%	256 093	133%
2.1%	278 669	144%

尽管这一表格仅有一个累计标准（保留率），但是在许多情况下，客户关系管理保留战略会对多个标准产生影响。同样是本例中，客户消费整体水平同样每年提升 2 美元。

在这种情形下，提高了保留率（2%）和消费水平（每年 2 美元）之后，第 5 年的累计利润将从 2.56 亿美元提升至 4.66 亿美元。

每年增加 2 美元的消费，看似微不足道，但最终利润几乎翻了一番。这充分证明了，从长期来看（5 年），数字的一点点小改变往往能够带来巨大的回报。

如果引入第三个考虑因素呢？假设这家公司决定开发一种保留模型，该模型能够以较低成本锁定高风险的易流失客户，我们仍然假设这个模型会提升 2% 的客户保留率。目标客户与非目标客户之间的恒定保留率（2%）是一个很大的数字。这一假设需要由针对目标客户与非目标客户的保留率后端

分析来验证。在此，为了实现项目目标，我们假设目标客户与非目标客户的保留率是恒定的，而受到模型（累计）影响的指标就是人均客户成本。在这种情况下，人均客户成本能够从 5 美元降至 3 美元。

在针对目标客户开展的项目中，累计新增利润从 4.66 亿美元增加至 5.43 亿美元。如果确定目标客户的成本低于 8 000 万美元，那么找出一个更有针对性的方法留住客户就是值得的。

Data Mining
For Managers

How to Use Data to Solve Business Challenges

第 5 章

数据挖掘流程：锁定问题

如今，对大多数企业来说，客户关系管理已经更多地成为了一种商业活动。与此同时，数据挖掘也变成了一种解决问题时不可或缺的分析技术。那么这一现实是否反映了数据挖掘的实质呢？许多人认为数据挖掘是一种技术工具，有效运用这种工具的方法就是购买正确的软件和硬件。其他学术界人士则认为，统计学与计算机编程再配合机器学习算法就是数据挖掘的基本构成。然而，这些先入为主的概念并没有抓住数据挖掘的精髓，因为他们只看到了数据挖掘过程的冰山一角。数据挖掘是一个循序渐进的过程，我们需要与技术互动，才能最终为既定问题找到最佳的商业解决方案。那么，数据挖掘过程究竟是怎样的呢？

本书将数据挖掘分为下列四个主要步骤或者阶段（见图 5-1）。

（1）锁定商业问题或挑战。

（2）建立分析文件。

（3）运用正确的工具和技术。

（4）执行与跟踪。

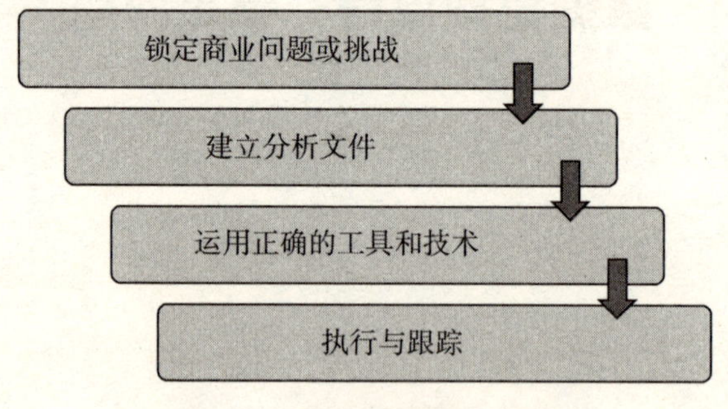

图 5-1　数据挖掘的四个步骤

有经验的数据挖掘专家一定知道，锁定问题是整个数据挖掘过程中最重要的步骤。而与我们的想象恰恰相反，尽管我们十分关注市场中种类繁多的数据挖掘技术，但在这一重要阶段中，最重要的因素反而是人。

真正重要的能力是定性、定量地评估某个商业场景，并且能够综合整体商业战略判断这一场景的重要性。举个例子，某家企业去年的整体销量大幅下滑，其中 75% 的商品是由 20% 的最佳客户购买的。分析师以及营销人员发现去年的客户流失情况非常严重。

在这一结论的基础上，他们认为，建立损耗模型、找出易流失客户能够帮助营销人员更好地配置资源，从而尽可能挽留这部分客户。然而，这个结论存在两点不足。首先，分析师应当仔细分析易流失客户的易流失程度。根据该商业领域的基本信息，客户流失问题很可能是一种普遍现象。另一个不足是，在建立模型之前首先应当考虑这一商业场景是否与客户关系管理项目或者数据挖掘有关。具体来说，如果是因为竞争对手开发出了价格更低、利润更高的新产品或者服务，从而导致客户流失，那么就算客户关系管理经理的经验再丰富，数据挖掘工具利用得再好，也无法阻止客户流失。因此，非常明确的一点是，某些前沿的市场调查是目前的必备程序，它能够帮助我们了解时下场景产生的原因。

在锁定问题过程中另外一个重要的考虑因素是，了解目前的数据环境，解读隐藏信息，从而找到解决具体问题的方法。举例来说，某家公司希望开发一种新产品，同时建立交叉销售模型，找出该产品的目标客户。在建立模型的过程中，分析师需要明白，这时建立模型并没有任何历史信息可以参考。那么，分析师就需要寻找之前曾经出现过的、相似的产品信息进行参照，从而获得大致的信息。如果相似产品也没有，那么分析师应当找到锁定首批目标客户（也就是第一批购买该产品的人）的方法。

通常情况下，商业人士清楚地知道自己希望从数据挖掘中获得什么样的信息，也事先有一个大致的解决方案，然而他们却并不明白何谓“长期副作用”。例如，某家信用卡公司希望未来能够节约成本。从商业人士的角度来看，只需要建立一个简单的响应模型。但是对经验丰富的数据挖掘专家来说，这个要求不够明确。他们能够迅速指出这个解决方案存在的问题。例如，我们真的应该建立一个简单的总体响应模型吗？这种解决方案能够在短期内降低信用卡成本，但是从长期来看，这些新用户的信誉度将会严重受损。尽管每一位新客户的营销成本大幅下降，但是利润很可能会远远低于开发新用户所付出的运营成本。面对这种两难情景，解决办法是同时提高总体响应率（单位营销成本）和认可率（单位运营成本）。然而，一个更加棘手的两难情境是，新客户 6 个月内很可能会大量流失。在这种情况下，我们应该把重点放在实现以下三个目标上：

（1）在实现优化营销成本的前提下，实现整体响应率最大化；

（2）在实现优化运营成本的前提下，实现认可率最大化；

（3）提高第一年的总体利润率，从而减少客户流失。

举个简单的例子，通信行业就通过电话推销的方式来获得新客户。尽管企业希望通过建立响应模型来提高效率，但是在最初的 3 个月里，企业仍然会遭遇大量的客户流失。有经验的数据挖掘专家会推荐一些更加平衡的解决方案，使企业在追求低成本的过程中仍然能够最大程度地维护好客户。

就像上面的例子中那样，在运用创造性思维的时候，我们首先应当准确地找到商业环境中的问题和挑战。市场营销与数据挖掘协同合作是优化两个领域中创造性思维的基础。

那么如何合作呢？最常见的方式就是让数据分析师与营销人员进行会谈。商业人士首先指出问题所在和自己准备的解决方案，这种解决方案往往是针对目前挑战而定的。然而这种方案却并不适用，或者说会妨碍其他的更优选择。这个时候就需要数据挖掘师介入，问一些有深度的问题，从而获得更多的信息。例如，他们可能会问以下问题：

（1）整体的市场战略和商业目标是什么？

（2）这一活动的具体目标是什么？

（3）营销计划、预算和预测是什么？

（4）我们有什么历史信息和报告可供参考？

（5）我们正处于什么样的数据环境中？

（6）产品动态与能够影响全局的竞争力或者经济优势有哪些？

什么是整体营销战略和商业目标

整体营销战略是基础，它决定了特定企业中数据挖掘的程度和复杂性。例如，战略目标是在某个行业内实现大幅增长。企业可以从两方面应对这一挑战。第一，企业可能已经拥有这一行业中符合客户需求的产品或者服务，但企业在该行业中的总体地位不够突出，那么营销工作的当务之急就是增加投资，提高企业和产品的知名度。第二，企业希望开发出新的产品和服务，从而为消费者提供更多选择。

最佳的例子就是信用卡公司为客户提供保险服务。最初，信用卡公司也许只能提供旅游保险，或者卡遗失保险。建立客户基础之后，企业就有机会提供其他类型的保险，或者与其他合作伙伴共同提供其他保险。一些企业会通过投资项目的方式，在那些购买了旅游保险和挂失保险的客户中提高知名度。与此同时，它们也会投入资金做一些市场调查，从而找出最适合信用卡客户的保险品种以及服务。所有这一切都是为了保证保险业务的增长，从而提升企业在该行业中的地位。从数据挖掘的角度来看，最关键的阶段就是急剧上涨的阶段，这意味着成本并不是最重要的因素。为了实现这一目标，企业愿意牺牲效率来提高自身的市场份额。利用数据挖掘并不是这一情形下的最佳选择，因此应当谨慎决策。

然而，这个局面在最初的准备阶段完成之后就有可能发生改变。随着客户增长成为一种常态，为了更加节约成本，利用数据挖掘技术就成为了一种必然。在持续的营销活动中，成本增长速度远远超过收益增长速度之时就是运用数据挖掘技术之时。

企业的另一个关键政策就是如何保留客户。数据挖掘师必须理解一点，如果只注重保留客户，节约成本就有可能无法发挥作用。举例来说，某家企业拥有一群经过筛选的高收入客户。他们大约有 5 000 人，约占全部客户的 5%，企业 50% 的收入均来自这群客户。在这种情况下，数据挖掘师可以研究一下，找出高风险易流失的高收入客户群能否为企业带来价值。换言之，找出哪些客户容易流失远远不如找出为什么客户会流失重要。这就意味着，企业必须了解客户的动机和态度，也必须认清竞争对手挽留客户的真正手段。正如上面这些例子所说的那样，深入研究战略本质及其目标能够让我们找到大致的方向，并了解数据挖掘能够带来的整体影响。

利用数据挖掘提高企业的净利润往往见效很快，并且十分容易。这些结果也是经理人及其执行团队向企业证明其价值的有效手段。然而，尽管为企业带来了即时见效的利润，这些结果仍有可能暗潮汹涌，在数年之后为企业带来难以估量的不利影响。例如，分析师建立保留模型，帮助营销人员锁定了高风险易流失客户，但却体现不出企业产品和服务的整体收益正在下降。

除了保留客户的例子，另一个经典例子便是引进新产品。例如，运用一些基础的数据挖掘工具，企业能够使营销项目获得净利润。但即使拥有数据挖掘技术，在某些情形下，企业的利润仍会在数年间持续下降。因为市场中出现了新的竞争者，最终形成了激烈的价格竞争。企业努力维持价格战略及其整体的单位边际收益，然而整体费用中的固定成本与特定的销售量成比例关系。在价格竞争中，由于数量急剧减少，成本在收益中所占的比重也就越来越高。此时，企业的当务之急是重新定位产品，而不是追问这些细节究竟意味着什么。这既不是本书要讲的内容，也不是我的专长。此时，我只能说数据挖掘并不适用，企业应当把资源投入到其他方面寻找对策。

活动的具体目标是什么

对许多活动来说，解决方案都是一种战略，因为营销人员或者管理者非常明确地知道自己想要做什么。举个例子来说，开发交叉销售模型就意味着减少成本，为现有客户提供其他类型的产品。还有一种情况，活动的目标是通过建立响应模型减少获取新客户的成本。从表面来看，建立这些工具的决策都是建立在良好的商业直觉基础上的，然而，管理者必须考虑的一点就是这些短期解决方案是否与总体的营销战略保持一致。如果战略目标是大幅提升利润，那么数据挖掘就应当被视为战略初始阶段的重要工具。相较于降低成本，提升企业知名度才是最主要的战略目标。一旦该目标实现，保持企业知名度并提升企业收益就变得更具挑战性，因为此时市场日趋饱和，竞争日趋激烈。到了这个时候，随着营销人员不断追求低成本，数据挖掘技术也变得愈发重要。如果阶段性目标与整体战略相符，分析师就需要认真思考预想的解决方案。例如，他们可以使用交叉销售响应模型向特定的客户群推荐相应的产品。但关键问题在于能否选对产品。也许客户看似对企业推荐的某种类型的产品具有偏好，但事实上他们更倾向于选择另一种类型的产品。产品亲和力模型能够帮助我们给产品排名，找出特定客户群最喜爱的产品。

在某些情形下，锁定商业问题或者挑战是首要任务，因为这是进行数据挖掘前需要解决的首要问题。相比之下，数据挖掘被视为一种纯粹的战略方法，只能解决特定问题和挑战。有这种想法的企业认为数据挖掘在战略制定阶段毫无作用，即使有，作用也相当有限。然而在我看来，前述方法绝不是最佳策略。企业将数据挖掘利用在两个阶段中，并将其视为战略方案，最终得出的结果将远远优于纯粹将数据挖掘视为战略工具。将锁定问题视为数据挖掘过程的一部分也就意味着，数据挖掘能够为制定新战略提供洞见。下面我们再举几个例子。

例如，某家企业因为采用电话营销来获取新客户，其经营状况每况愈下。他们目前吸引客户的战略仍然沿用过去的老办法。根据这些简要的信息，我们可以发现这家公司已经出现了“列表疲劳”，分析师需要开发新工具以得出能够定位目标客户的列表。相应的，营销人员可以指导数据挖掘部门建立一个响应模型，从而提升销量。

然而，由于数据挖掘部门与营销部门缺少合作，最终得出的解决方案并没有进行总揽全局的综合考虑。之前建立的获取新客户模型仅仅是为了使响应最大化。结果就是，响应实现了最大化，但是销售额仍然维持原状。进一步的调查显示，前 3 个月中，新客户的退货率不断增长。营销部门和数据挖掘部门全都认为，提高吸引客户响应率就能够提升销售额。如果在此之前进行更加前沿和综合的调查，就会发现，他们开发的模型必须能够在优化响应率的同时使客户保留率保持在 3 个月以上。

另一个例子能够证明应对性战略优于预测性战略，那就是营销人员认为预测模型只有在建立营销数据库之后才能建立。能够显著降低当下活动成本的工具的开发因此受到了阻碍。数据挖掘能够在短时间内从传统系统和数据库中找到解决方案（大约只需 4~6 周）。

另一个经典的例子就是“我们没有数据”。由数据挖掘师检查数据能够让他们发挥专长，利用他们的经验为我们找出改善现状的解决方案。具体来说，获取新客户项目能够提供各种各样的方法让我们锁定目标客户。在某些情况下，分析师能够开发出个体层面的模型，从而检索出包含人口统计数据和态度信息的名单。这些个人信息是在客户通过个人信息换取优惠券时获得的。其他个人信息则与消费者自身有关，例如杂志购买习惯。这时，与杂志购买相关的信息应当归类在“杂志”一栏。最终的数据信息能够反映出杂志整体类别的近期购买行为、购买频率以及购买价值。除了杂志购买信息，统计数据还能够以人口结构群（全国有 60 个群体）的形式添加进每一条个人记录中。

在其他情况下，如果只有姓名和地址信息可用，分析师还可以建立地理层面的模型。这些获取新客户模型利用加拿大人口统计局的信息，在特定的地理层面上汇集起来。至于包含民族、职业、受教育程度以及其他人口统计学信息的人口普查数据，是基于 400~500 个家庭统计得来的。这种信息的缺点在于只能每 5 年统计一次。随着时间推移，数据无法实时更新就会成为一个问题。与此同时，从个人纳税申报表收集来的基于邮编的数据能够反映出一个人的收入和财富状况。这种数据是每年更新的，因此比起过时的人口普查数据更加可靠。然而，这一数据也有其不足之处：这些数据以 800 个家庭为单位，因此比起以 400 个家庭为单位的人口普查数据缺少粒度。另外，此类数据主要与收入和财富有关，并不像人口普查数据的涵盖范围那么广。无论是使用人口普查数据还是个人纳税数据，利用转换模型表格都是将合适的人口统计数据映射在邮编层次上的关键所在。表 5-1 展示了将一些加拿大统计局人口统计数据映射到人口普查信息和邮编的示例。

将这种信息添加至预期或客户文件时将显示邮编信息关键的关联作用。

利用统计局的人口普查数据还有一个限制：加拿大政府最近宣布配合人口普查调查将采取自愿原则。这也就意味着，如果我们对两个时间段内的信息进行比较，调查信息的基准可能已经发生变化。不过，如果数据仅仅是用于排序，那么基准问题就无伤大雅。

尽管以上说的只是加拿大的情况，但在处理外部地理范围数据时，其他国家的情况都是类似的。理解数据粒度或者获取数据的地理层级的挑战在全世界都是一致的。问题的关键在于这些数据是否可以添加至客户文件中。

表 5-1　地理位置表格（人口普查信息和邮编）以及人口统计变量示例

人口普查	邮编	收入中值（美元）	平均年龄	平均家庭成员数量	大学生所占比例
100001002	M5A2J1	42 000.00	40	2	10%
100001002	M5A3J3	42 000.00	40	2	10%
100001002	M5A4J1	42 000.00	40	2	10%
100005004	H4B2E5	50 000.00	35	1	85%
100005004	H4B2E1	50 000.00	35	1	84%
100006008	L1W3K6	37 000.00	43	3	5%
100006008	L1W2L5	37 000.00	43	3	5%
100006008	L1W3K1	37 000.00	43	3	5%

这些地理层面的模型使用的都是加拿大的例子，无论是源于人口普查数据，还是粒度较小但是更新频率较快的个人纳税数据，它们在准确程度上都远不如个人统计数据。但是，当研究的范围较广时（例如研究对象超过 100 万人），这些数据得出的结论依然可靠。因为其基于地理范围的特性，很多情况下这类模型可以应用在更多领域。与此相对应的，那些个人数据模型就

只能应用于最初开发模型所针对的人群。另外，此类数据不可避免地会带有一些倾向性或者说偏好。具体来说，那些为了获得优惠券而接受调查的客户本身就带有一定的偏好。与那些大范围的人口普查数据相比，这些典型的喜爱优惠券的客户往往都是收入较低的人群和女性。使用此类数据建立吸引客户模型的企业，应该首先了解这一特性，然后再建立模型。为了综合考虑各种情况，利用此类数据源的列表应该接受各种测试，以得出最可靠的响应率。找到临界点时，列表可以使用数据挖掘技术进行进一步探索，例如使用吸引新客户模型优化整体结果。

再举一个创建定位目标客户工具来吸引客户的例子——消费者渗透指数。这一指数是根据“有的放矢”的原则得出的。将渗透指数视为目标工具既有实用性，也非常容易理解，更重要的是操作简单。在利用这些工具的时候，根本无需理解所需要的统计数据。

在某些情况下，我们解决商业问题时只有有限的信息。但是这并不意味着无法利用数据挖掘技术。具体来说，我们假设某家零售企业希望将客户关系管理原则应用在获取新客户的项目中。首先，这家企业希望使用数据和信息提升企业的整体效率，而唯一的信息来源就是企业的调查。

这家零售企业并没有收集客户信息。市场调查表明购买行为主要来自高收入的女性外来移民。

这时就需要数据挖掘师和营销人员找出更有创造性的方法来获取数据，而不是通过某个营销活动，再耗费 3~6 个月的时间来等待结果。表 5-2 展示了如何创造性地利用加拿大统计局数据找到目标客户。每一条关键的市场调查知识都代表了一种由加拿大统计局整合在某个统计类别内的可用信息。通过转换表格，分析师能够在邮编层级上创建这些关键信息的字段。利用这个表格，分析师能够根据这类信息建立一个指数。表 5-2 展示了如何计算这种指数。

表 5-2 创建邮编层级（地理区域）的指数

	收入	女性占比	外来移民占比
平均邮编	40 000 美元	52%	5%
M5C1J2	50 000 美元	60%	10%
指数	1.25	1.15	2

假设在指数中，每一个字段或者每一项数据都同等重要，那么 M5A1J2 的指数就是：

（0.33 × 1.25）+（0.33 × 1.15）+（0. 33 × 2）=1.45。

在采纳这种指数之前，我们首先应当进行适当的测试和控制，确保目前的方法具有价值，并能获得新的知识。如果在测试矩阵内创建合适的随机样本，那么这些新知识同样可以用来开发获取新客户模型。关键在于当前的学习过程能够立即执行且不需要等待营销活动来得出结果。

利用营销专长和数据挖掘经验找出问题所在，有助于企业找准重心并且准确施加影响力。营销人员在活动结果和战略方面经验丰富，而数据挖掘师能够更好地理解数据环境，找出最佳的解决商业问题的结果，这两种能力刚好互补。这种综合能力能够快速锁定商业问题和挑战，是一种极具竞争力的优势，能够为企业带来巨大的回报。

但是，问题或挑战常常都是无止尽的，而数据挖掘会变成一种发现知识或者数据的过程，它能够帮助我们找准方向和战略，并应用在未来的 1~2 年中。这个过程包含了一系列的步骤，最关键的如下所示：

- 数据审计；
- 整合商业结果，访问重要利益相关者；
- 知识管理库和活动后的结果；
- 细分和描述。

在后续章节中我们会详细讨论这些步骤。

Data Mining
For Managers
How to Use Data to Solve Business Challenges

第 6 章

数据挖掘流程：建立分析文件

锁定商业问题或挑战之后，分析师接下来的任务就是了解需要分析的数据和信息。这并不是要求数据分析师通过严格的数据需求分析建立或者设计数据库，他们要做的只是了解已有数据，发现短缺数据，找到应有数据。如果发现某个文件及其内容可能与分析过程相关，大多数情况下，分析师会将整个文件视为项目数据的组成部分。

根据与项目的相关程度以及能否提炼消费者信息，分析师也会选择其他文件。这意味着数据审查过程已经开始，这是一个严格的数据操作过程，目的是实现以下目标，从而优化数据分析环境：

- 数据质量；
- 数据完整性；
- 对数据分析的作用。

找到源文件之后，分析师必须确认数据质量。换言之，这些数据中是否在某个字段缺失了大量信息？

如表 6-1 所示，在客户数据库中，43% 的数据没有记录客户首次消费的日期。有很多方法可以弥补这些缺失的数据。例如，最常见的处理缺失数据的方法就是，将已知数据的平均值作为替代数据。更可靠的方法是建立模型或算法，根据数据库中其他字段的现有数据估算出变量的值。但是这种方法需要的时间较长。另一种数据质量低下的表现是，所有记录只有一种结果。具体来说，如果将性别作为运动分析的变量去分析美国职业棒球联盟，那么这些数据将毫无意义，因为分析文件中只有男性。因为不存在女性竞争者，所以我们无法通过性别数据得出任何结论。

对于数据完整性问题，我们要关心的是那些没有意义的记录。如表 6-2 所示，所有的产品编码都是由字母组成的，它们指代某个产品种类。但对于

“999”这个条目，我们就需要调查这究竟是什么类别的产品。

表 6-1　客户保有期频率分布

客户保有期	客户数量	客户占比
1998	49 000	14%
1999	49 000	14%
2000	59 500	17%
2001	42 000	12%
缺失	150 500	43%
总数	350 000	100%

表 6-2　产品分类编码频率分布

产品分类编码	客户数量	客户占比
ABC	103 810	30%
DEF	118 650	34%
GHI	74 165	21%
999	49 875	14%
总数	350 000	99%

确认了数据质量和完整性之后，分析师就需要解决如何将某个字段汇总或分组的问题。这对消费历史来说十分重要。举个例子，将客户一生的消费数据按照年份划分成若干类别。与此同时，这些数据中可能包含了成百上千个不同的商品购买编码。那么，问题的关键就在于如何将产品编码以一种更广义的种类划分，从而得出新的分组信息，以便将来在数据挖掘项目中进行统计。

只要掌握了确认数据质量的方法，知道如何对数据进行分组以及汇总，就可以找出分析数据和信息的算法，建立分析文件。这一步非常关键，通过掌握数据环境，找出与分析相关的、有意义的变量或者信息字段，就可以向企业证明数据挖掘师或分析师的价值。具体来说，与时间相关的趋势变量

（上升或者下降均包含在内）、消费变量以及消费类型，这些都是数据分析师得出的结论，无法直接从原始数据库中获得。事实上，原始数据（从数据库中直接得出）与分析数据（由分析师得出）的比例为 1∶9。在数据挖掘过程中找出有价值的变量正是数据挖掘师的重要能力之一。

这一过程的一个关键步骤就是将不同的信息整合到一个文件中。这就要求分析师能够找出不同信息之间的契合点，有时甚至需要分析师创造出符合逻辑规律的契合点。这个整合过程要求分析师对不同文件之间的数据关系有充分的了解，例如是一对一、多对一，还是多对多。我们可以将数据分为两组：

- 行为数据（消费者行为或者兴趣的变化）；
- 非行为数据，例如人口统计数据、外部地理区域数据或者影响消费者或者其兴趣的活动。

无论如何，最终的目的都是找出对数据挖掘有用的变量。

数据

数据挖掘师认为，成功的数据挖掘建立在数据的基础上。尽管统计学知识和运用方法十分重要，但是如果缺少准确、详细的数据，就无法找出最佳的解决方案。是否熟悉数据环境是决定解决方案有效程度的关键因素。也许在处理数据时，“亲密”这个词听起来有点奇怪，但是它准确表达出了在数据挖掘过程中我们掌握数据需要达到的程度。这种与数据之间的亲近感说明，在数据挖掘过程中，分析师必须全面掌握数据的可靠性和不同数据的完整性。

教育过程能够较好地诠释数据的重要性。在教育系统中，阅读与数学是任何一项成功事业中不可或缺的基本要素。但是，这两门学科都需要学生首先掌握基本技能。

学习数学时，学生必须首先掌握基本的加减乘除法。阅读之前，学生必须先认识 26 个字母。学习数据分析就像学习一门学科。在分析过程中，数据就是需要我们掌握的字母。分析师必须首先对数据有全面的了解，并且亲自处理数据。在这一过程中，分析师能够加深对数据的理解，从而更好地处理大量数据之间必然会出现的细微差别。

对源数据进行数据审计

数字环境也好，线下环境也罢，在任何环境中，分析师都需要一个充分理解数据的过程。这个过程如何完成？第一步就是数据审计，我们现在就对这一过程进行详细讨论。

确定数据源之后，数据被导入相应 IT 环境中的源文件里成为源数据。提取出合适的源数据之后，就可以开始进行数据审计了。数据审计的程度和细节取决于项目的进展程度——是处于开发阶段，还是已经在进行当中，只需要在原来的基础上重新生成报告。

如果是处于初始阶段，分析师很可能并不了解源数据以及源文件。在这种情况下，我们需要进行更加细致的数据审计，从而找出每个字段或者变量以完成报告。最终的报告将反映下列信息：

- 缺失值的程度；
- 值的范围；
- 平均值、最小值以及最大值；

• 特殊值的数量。

数据审计结果能够反映既定变量在评测报告中的有用程度。举例来说，如果年龄是评测模板中需要的信息，但是数据审计发现 75% 的年龄信息都为空白，那么年龄的参考价值就非常有限。但无论如何，分析师都能根据现有数据得出一个二进制变量。分析师经过研究发现，这类信息往往能在分析或者评测过程中发挥作用。

无论分析师是否熟悉数据源，数据审计之类的流程都是深入理解数据所不可缺少的。

数据审计的第一项任务就是观察，通过分析一组随机数据以及相关信息字段中的记录，对数据有一个整体的概念，这个过程也被称为数据转储。这个简单的过程可以实现两个目标：第一，检查数据是否正确地置入分析应用程序中；第二，让数据分析师对数据环境有一个大致的了解。也就是说，弄清楚这究竟是一种简单的数据环境，还是需要耗费精力的那种。

如表 6-3 所示，出生日期右边的那一列数据（起始日期）中，第三行的数字（600）毫无意义。详细调查后发现，这个数据是因为上传数据时方法不当造成的。修正数据后就会得到如表 6-4 所示的结果。

文件的数量和每个文件中字段的数量以及这些字段的值能够帮助分析师更加深入、详细地了解数据环境。

表 6-3　客户记录示例

账户编码	邮编	出生日期	起始日期	行为得分	收入（美元）	内部编码
123456	M5A 3S6	Jul-49	Mar-91	500	30 000	6
345321	H3A2B5	Aug-54	Apr-92	550	42 500	1
543235	T5A 2S7	Jun-83	600	35 500	3	543210
…						

表 6-4 客户记录示例（修正版）

账户编码	邮编	出生日期	起始日期	行为得分	收入（美元）	内部编码
123456	M5A 3S6	Jul-49	Mar-91	500	30000	6
345321	H3A2B5	Aug-54	Apr-92	550	42500	1
543235	T5A 2S7		Jun-83	600	35 500	3
…						

然后，我们可以进行详细的数据诊断，从而找出特殊值以及缺失数据的数量。数据诊断报告如表 6-5 所示。

表 6-5 数据诊断报告

变量	记录数量	字段格式	特殊值数量	缺失值数量
收入	100 000	数字	50 000	2 000
消费者类型	100 000	符号	4	10 000
性别	100 000	符号	3	50 000
家庭成员数量	100 000	数字	7	90 000
产品类别	100 000	符号	3 000	5 000
客户姓名	100 000	符号	100 000	0
邮编	100 000	符号	50 000	0

从这个例子中，我们可以看出，家庭成员这组数据对数据分析来说没有什么意义，因为 90% 的数据都不完整。与此同时，产品类型这组数据几乎是完整的，包含了将近 3 000 个不同的值。如果这些变量都是连续的，就像收入和支出一样，那么完全没有问题。但是，在这个例子当中，数据格式是字符式的。以最典型的粒度数据——产品库存单位来说明，分析师可以将每个结果视为一个“是 / 否”变量（这 3 000 个数据都变成了“是 / 否”变量），1 代表“是”（有库存），0 代表“否”（没有库存）。这意味着什么？如果 3 000 种产品有 100 000 条库存信息，那么平均 33.3 条记录会有特定的库存

值，渗透率仅为0.03%。在这种情形下，使用二进制变量对未来的数据挖掘来说毫无意义，因为大多数数据都是0，只有少量的1。进一步的诊断（例如频率分布）能够帮助分析师更好地理解既定范围内有效值的分布情况。表6-6展示了此类报告。

在表6-6所示的例子中，由于地址未知，我们无法与这些人（50%的客户）建立沟通。

在表6-7中，由于50%的数据缺失，性别数据不具有参考价值。收入数据则不同，虽然也缺失2%的数据，但对整体影响不大。

表6-8展示的则是另一个针对客户保有期（建档时间）的例子。客户数量在2005年至2006年增长迅猛，我们需要进一步调查发生此现象的原因。

通过数据审计报告，分析师能够决定如何建立分析文件，用变量的形式展示出关键信息。这一过程的目标是在正确的基础上整合有意义的信息，从而找出可执行的解决方案。在大多数情况下，这种基础指的是消费者或者个人，但是并不限于此。例如，针对汽车保险的价格模型是建立在汽车的基础上的，零售分析则聚焦于商店。

表6-6　地区频率分布

地区	客户数量	客户占比
欧洲	25 000	2.5%
北美洲	100 000	10.0%
非洲	350 000	35.0%
亚洲	25 000	2.5%
缺失值	500 000	50.0%

表 6-7　性别与收入频率分布

性别	记录占比
男	23%
女	27%
缺失	50%
收入（美元）	**记录占比**
<25 000	25%
25 000~50 000	25%
50 000~75 000	25%
75 000+	23%
缺失	2%

表 6-8　建档日期频率分布报告

建档日期	数量	占比	累计数量	累计占比
缺失	1 822	3.4%	1 822	3.4%
2002	2 276	4.3%	4 098	7.7%
2003	2 027	3.8%	6 125	11.5%
2004	2 430	4.6%	8 555	16.1%
2005	3 213	6.0%	11 768	22.1%
2006	5 575	10.5%	17 343	32.6%
2007	6 699	12.6%	24 042	45.2%
2008	7 793	14.6%	31 835	59.8%
2009	7 239	13.6%	39 074	73.4%
2010	8 743	16.4%	47 817	89.8%
2011	5 418	10.2%	53 235	100.0%
总和	53 235	100.0%	—	—

数据审计过程不仅仅是针对新信息或者数据源，我们还需要对已经更新信息的已知数据源进行分析。尽管数据审计在处理新数据源时采用的是一种

综合性的方法，但是处理更新数据时无须如此严格，只要简单检查一下记录的数量，需要审查的领域以及一些基础的关键变量平均值即可。在很多情况下，即使是简单的数据审计报告，数据分析师也能够发现找出问题根源的方法。表 6-9 就是这种报告的示例。

表 6-9　从历史角度看关键商业指标

	阶段 1	阶段 2	阶段 3
记录数量			
平均消费量			
平均年龄			
平均会员期			
……			

在这个例子中，我们能够随着时间推移跟踪关键变量或者潜在的关键商业指标（Key Business Measures，KBM），从而找出数据的问题所在，或者发生改变的地方（无论是积极变化还是消极变化）。

尽管数据审计提供的报告信息并没那么有吸引力，但它仍然是分析过程中必不可少的步骤。所有的分析都是从数据开始的，因此必须勤加整理并且尊重数据。这种态度有助于我们发现不同数据之间的细微差别，这些都有可能反映在项目当中。如果分析师希望获得成功，数据审计就是项目最关键的第一步。

对数据有了充分的理解，我们才能完成创建分析文件中的其他关键步骤（通常有前期工作和后期工作之分）。对于任何数据挖掘工作，分析师都必须首先理解分析、锁定目标客户或者建模的衡量标准。这一信息通常与目标函数或者说需要深入理解的行为密切相关。以下是常见的商业范例。

- 怎样降低损耗？

- 怎样降低信用损失？
- 怎样优化应对机制？

在以上所有的例子中，分析师建立分析文件的目的都是为了给以上问题找到解决方案。但是行为或者目标函数应当在后期阶段建立。只有那些用来创建目标函数的信息能够在后期阶段使用。

在这段时间内，在前期阶段需要创建能够反映后期目标函数或者行为的信息。表 6-10 简单地解释了这些阶段，分析文件是按照前期阶段数据优先于后期阶段数据的顺序建立的。这里所进行的分析是以一种更加稳健的方式进行的，因为它将未来可能发生（后期阶段）的预测性信息（前期阶段）也包含在内。

表 6-10　建立分析文件的前期阶段与后期阶段

前期阶段	后期阶段
2011 年 1 月 1 日前的所有行为	2011 年 1 月 1 日－2011 年 3 月 31 日
所有预测变量	目标函数

数据挖掘实践者往往认为目标函数或者后期阶段变量之间的联系是直接且容易建立的，然而事实并非完全如此。在当今的实践领域有许多这样的例子。第一个例子就是使用代替物建立独立变量。我们经常会遇到需要建立预测模型但又没有任何先例可以借鉴的情况。如果没有先例可以参考，分析师就无法建立模型并准确预测行为，因为一切都是未知的。然而，他们可以从与此类似的历史行为中找到预测的基础。因此，这种类似的行为方式就成为建立模型的代替物。例如，企业希望促销网球鞋，分析师需要建立一个预测某人购买网球鞋的模型。一种符合情理的代替物就是某人购买网球拍的模型，因为这类产品在过去曾经做过促销。

另一个很好的例子是建立购买壁球产品意向的模型，这类产品在过去从未做过促销。在这种情况下，可以将网球产品作为代替物或者从更加广义的角度来看待这个任务。利用网球拍购买行为作为代替物合乎情理，能够作为购买网球鞋的参考。但是如果从不同的分析角度来看，也许我们需要更多洞见。我们需要通过关联分析与属性分析找出产品购买行为相互影响的原因。举例来说，个人运动（例如跑步、高尔夫球、网球）的关联性相比其他团队运动（例如棒球、曲棍球和足球）的关联性更强。在分析时，我们可以将目标函数设定为有可能购买个人运动产品的人。

建立模型预测汽车购买行为是一项很有挑战性的工作，因为通常购买汽车的行为周期为 5 年，在此期间内不会频繁产生二次购买的行为。因此，建立购买模型并不是一件轻松的任务。有的消费者可能在 3 年内购买新车，有的 4 年，有的 5 年，剩下的则在 6 年或者 6 年以上。我们通过分析能够得出最常见的购买期限。在定义目标函数所包含的年限时，购买期限通常被视为后期数据，因此在创建分析文件时，通常会将消费者的特点和行为作为优先数据。如果购买期限为 3 年，那么所使用的信息在某种程度上就已经过时了。如果希望减少购买期限的影响，最好的办法就是利用租赁信息，这时分析师能够掌握租赁的时间。将租赁期结束日期运用在模型中，就可以找出继续租车和不再租车的消费者的信息。这使得该信息可以作为汽车购买模型的代替物，它充分反映了与汽车公司有往来的客户的信息。通过建立租车行为的模型预测汽车购买行为是一种更具实操性的建模方式。

建立客户保留模型时，最大的挑战在于创建因变量。通常情况下，并没有一种像订阅这样精确的行为能够代表客户的流失。确切地说，在某个时期内销声匿迹往往意味着客户流失。在上文所举的汽车购买行为模型的例子中，客户流失就很难定义。对生产百货的企业来说，如果客户一周之内没有产生任何购买行为，那么就意味着客户流失，但是一周之内客户没有购买任何轮胎则不能说明什么问题。这时就需要分析师精确定义购物期限。

建立分析文件和数据透视表

创建分析文件的最后一步就是建立数据透视表。要想完成这一过程，需要根据既定的关键商业指标判断数据情况，进行更加深入的总结。如果其中数据的维度增加、范围变广，那么汇总过程的复杂程度也会随之上升。例如，如果将某项商业活动的平均消费按照性别（男性与女性）和受教育程度（本科及本科以下）进行分析，我们就会得到 4（2 × 2）种可能的观点或者维度。如果按照性别、受教育程度、年龄段（<25，26~35，36~45，46~54，55+）以及家庭成员数量（1，2，3，4，5+）来分析，那么观点的数量或者维度就会成倍增加至 100（2 × 2 × 5 × 5）。数据透视表代表的是数据源，能够用来完成理想的测量报告。图 6-1 展示了原始数据与测量报告之间的关系。

完成测量报告需要进行详细的计划，找出具体需要测量的数据。与此同时，深入理解数据环境对制订任何测量计划来说都是至关重要的。这就要求营销人员与数据分析师团队密切配合。有了密切配合的营销团队与数据分析团队，企业在测量投资回报率方面的效率将会大幅提升。

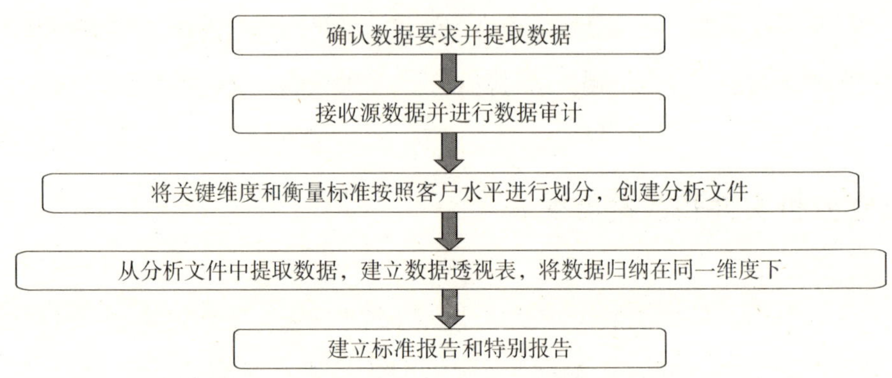

图 6-1 利用数据透视表创建商业报告的流程图

了解数据环境的价值：零售商实例

有一家零售商希望创建更多客户关系管理项目，并意识到数据是成功的基础。现在我们拥有双重目标：

（1）理解数据环境；

（2）在理解的基础上，开发一个最佳消费者项目。

对于第一个目标，我们需要执行标准的数据审计。在对 10 组数据进行数据转储之外，还需要进行详细分析，找到每个文件的记录总数，从而应用到系统中。这么做的目的是确保任何从 IT 系统中获得的数据都与输入系统的数据相同。

如果数据应用在系统中，也就完成了对所有文件的标准数据审计。常见的分布情况如表 6-11 所示。

这个报告反映出，50% 的消费者没有记录住址。换言之，与这些客户进行面对面交流的愿望将无法实现。而在记录住址的客户中，有 70% 的人居住在安大略省。这些信息告诉我们，直销或者客户关系管理系统只能在50%的客户中进行（剩余50%没有地址或者邮编），而最有效的活动有可能发生在安大略省。

表6-11　地区分布情况

地区	客户数量（万）	客户占比
草原诸省	2 500	2.50%
魁北克省	10 000	10%
安大略省	35 000	35%
西部	2 500	2.5%
缺失值	50 000	50%
总和	100 000	100%

另外一种数据审计方法就是将两个文件匹配，找出质量以及完整性方面的匹配之处。需要明确的一点是，消费者编码是标识消费者身份的唯一数据。事实上，这种客户编码不仅仅是独特的，而是具有极端的特殊性。主要的证据就是它能将消费者文件与账单匹配起来。通常得到的结果是，一个消费者编码与交易文件中多个客户编码相匹配。这个结果表明，同一位客户在同一家企业内产生了多次购买行为，形成了一对多的关系。表6-12显示的是进一步调查以及对记录进行数据转存的结果。

表6-12　同一客户不同客户编码示例

姓	名	地址	邮编	电话	客户编码
博伊尔	理查德	主街123号	L1W3K6	905-489-2124	1000123
博伊尔	理查德	主街123号	L1W3K6	905-489-2124	1000126
博伊尔	理查德	主街123号	L1W3K6	905-489-2124	1000129
博伊尔	理查德	主街123号	L1W3K6	905-489-2124	1000123

结果表明，一个手机号与多个客户编码相匹配。这也许意味着这个家庭中有多个人共享一个手机号，但其实是不同的客户。然而，通过查询姓名和住址进行深入调查，我们发现多个手机号并不一定代表多个客户，它们往往

都属于同一个人（理查德·博伊尔的例子说明，一个人可以对应 4 个不同的客户编码）。在本例中，同一个人拥有多个客户编码。在把这一信息传达给企业时，也就意味着我们需要深入理解客户获得编码的过程。在调查中，分析师发现，客户第一次在某家门店购物时，就会生成一个新的客户编码。这就是说，客户编码对某一个人来说并不是唯一的，而是针对在某家商店购物的某个人。也就是说，如果一个人在 5 家不同的商店购物，那么这个人将拥有 5 个不同的客户编码。在本例中，理查德·博伊尔去了 3 家不同的商店（1000123，1000126，1000129），并且在同一家店内消费了两次（1000123）。

于是，分析师发现，手机号码才是最合适的关键匹配因素。各家商店需要每次都获得客户的手机号，并且邀请客户消费。特别提示以下几点：

（1）以手机号码为基础建立一个唯一的客户关键值；

（2）利用软件将客户的姓名和地址添加进模型中。由于全部记录中都有手机号码，因此包含姓名、住址和手机号的数据透视表尤为重要；

（3）开始开发那些能够将零售商的生意扩展到安大略省之外的项目。

这里的关键是，对数据环境的洞见越深，我们就越容易找到并采取相应的数据战略。

调查的第二步就是分析。我们上文讨论的零售商经过分析发现，在管理过程中没有找出最有价值的客户。该零售商 80% 的收入都来自其中 20% 的客户吗？还是 60% 的收入来自 40% 的客户呢？帕累托法则中客户与收入之间的比例完全未知。为了找出这一比例，该企业希望能够更好地理解数据，并建立一个最有价值客户文件。相应的，提取出来的数据必须能够提供必要的解决方案。提取数据时，我们主要关注那些活跃的客户（在过去一年中购物频繁的客户）。这样我们就能获得第一条关键信息：零售商的客户中有一半都处于不活跃状态。这对该零售商来说是未来面临的一个重要挑战，但是不属于该项目的分析范围。表 6-13 是一个等分表，该表按照购物总额将客户排名，现在零售商将该表作为客户价值的参考。

在分析客户的过程中我们发现，将近 60% 的收入来自 20% 的客户，因此可以达成共识——针对这 20% 的（高价值）客户开展最佳客户项目。营销部门同样希望深入了解这个客户群体。

正如表 6-14 所示，关于客户地址以及购物偏好的汇编信息构成了一个大致的客户文件。结论如下：

表 6-13　零售商价值细分报告示例

细分	客户占比	去年的平均销售额（美元）	客户贡献占比
高价值	0%~5%	250	25%
高价值	6%~10%	170	17%
高价值	11%~15%	110	11%
高价值	16%~20%	70	7%
低价值	21%~25%	50	5%
低价值	26%~100%	25	37%

表 6-14　高价值客户特征报告示例

产品类型	客户占比	高价值客户占比
购买产品 A	20%	40%
购买产品 B	30%	10%
购买产品 C	25%	25%
购买产品 D	25%	25%
总额	100%	100%
地区	**客户占比**	**已知地理范围内的高价值客户占比**
草原诸省	5%	5%
魁北克省	20%	30%
安大略省	70%	55%
西部	5%	10%
全部	100%	100%

- 最佳客户大多数居住在魁北克省和西部地区；
- 最佳客户倾向于购买 A 产品。

掌握这些信息之后，下一步就是在最佳客户项目中运用我们已经掌握的信息。首先应该创建该项目中的名单（200000）。在创建名单时，“无法提升”一栏代表的是尽管已经做了促销互动，但仍然不在最佳客户名单中，如表 6-15 所示。

表 6-15　最佳客户项目简单测试矩阵示例

客户细分	控制	测试	无法提升
高价值 / 最佳客户	175 000	5 000	5 000
平衡	5 000	5 000	5 000

前期按照细分（最佳客户）和沟通策略（控制）列出名单是为了找到制胜战略。接下来的步骤就是探讨：

- 这些活动是否带动了销量？与那些没有参加活动的客户相比，新增销量的增幅如何？
- 哪种沟通策略效果最佳（测试 vs. 控制）？
- 高价值部分（最佳客户）比低价值部分（平衡）带来的新增销量更多吗？

开展该项目之后，效果大大超出企业的预期，因此该企业成功实现了从大众营销向客户关系管理营销的转变。

第 7 章

数据挖掘过程：利用外部数据源建立分析文件

今天，几乎所有运用数据挖掘技术的企业都在购买外部数据源。这些数据源代表的往往都是某一家企业无法通过内部活动收集的数据。另外一种观点是，这些数据往往是任何人都可以通过免费或者支付少量费用的方式获得的。数据挖掘的复杂程度决定了购买外部数据的数量。购买这类数据是为了增加客户信息。这种外部数据如何能够扩充企业的客户数据呢（尤其是大部分外部数据要么属于更小的粒度水平，要么属于更概括的综合数据）？如果从单个客户角度考虑，这一点就比较容易理解。通常情况下，大部分数据关注的都是交易或者购买行为。对大部分企业来说，最有价值的外部数据往往是人口统计数据，而这类数据在企业的数据库中却十分有限。举个例子，对于个人层面的人口统计数据，例如年龄、收入和性别，研究人员从客户数据库中提取这类信息时，往往会缺失 50%。外部叠加数据能够在客户居住地的基础上，提供与这些特征相关联的信息。

为已有的客户项目运用外部数据

首先，购买数据时必须决定将数据运用在吸引客户项目中或者现有的客户项目中。在如今的客户关系管理驱动环境中，大多数企业都有现有客户以及客户购买行为的数据库。企业与企业之间的组织形式以及结构差异很大，这些都与数据库营销方式的复杂程度相关。然而，无论数据是如何组织的，为了实现数据挖掘的目的，数据通常都是个人层面的。数据挖掘师通常都会尽可能多地利用个人信息，因为这类信息比在地理层面上获得的综合数据更有意义。如果个人层面的数据存在错误，结果就会受到影响。例如，年龄和收入都是个人层面的数据。但是如果 90% 的客户数据都缺失，那么剩下

10% 的数据也就失去了意义。在这种情况下，就应该参考综合数据，例如加拿大统计局的数据，尤其是人口普查数据，或者外部数据提供商的数据。综合数据意味着居住在同一个地理区域的客户具有相同的统计值，而居住在不同区域的则具有不同的值。将综合数据（基于人口普查区域）添加到客户档案中，至少能够将缺失的 90% 数据补充完整。我们利用综合数据中的收入和年龄能够得到更加有用的结果。

除了解决信息不完整的问题，综合数据还能够增加数据的广度。例如，种族、职业、宗教信仰、受教育程度以及其他加拿大统计局的人口普查数据可能可以直接应用到客户数据库中。将这类数据添加到现有数据库中，能够帮助我们建模或者建档。然而，完整而全面的个人数据，如果与购买行为或者交易直接相关，那么将会得出更有影响力的建模或建档变量，帮助我们达成目标。这类综合性的人口统计数据能够对更加广义的洞见产生影响，从而帮助我们制定更好的沟通策略。例如，人口统计数据和某个客户群体的地理档案能够反映出这些消费者主要生活在人口以高收入自主创业者和移民为主的地区。当然，营销人员希望为这些人制定独特的沟通策略，而不仅仅是简单地推销产品或者服务。

外部数据更大的影响力将在吸引客户项目中体现出来。事实上，数据提供商往往喜欢强调自己对获得新客户的整体影响力。比起为现有的客户项目添加信息，利用数据挖掘方法建立吸引新客户项目时更需要外部数据。通常情况下，姓名、地址和邮编对吸引新客户项目来说都是必需的。邮编是利用加拿大统计局人口统计数据补充姓名和地址信息的关键。加拿大统计局主要提供两种类型的数据。第一种是加拿大统计局税务数据。这种数据基于区域生成，代表将近 800 个家庭。其中包含的信息是根据每年的税收情况汇编起来的。这些数据包含了与收入相关的信息，例如岗位工资、投资收入、慈善支出抵扣等。第二种数据是加拿大人口普查数据，它是基于不同区域的400~500个家庭生成的。尽管这类型数据包含了部分收入数据，但是却没有税务数据中那么详细的衡量财富水平的数据。总而言之，第二种数据是人口统计信息中比较丰富的一类，它包含的信息主要包括种族、宗教信仰、语言、受教育程度、职业等。此外，由于数据是在约400个家庭的基础上综合而来的，它的粒度水平要高于以800个家庭得出的数据，即税务数据。这种人口普查数据的局限是更新间隔为5年，也就是加拿大统计局进行人口普查的时间间隔。请牢记，这两种情况下（加拿大人口普查数据与加拿大税务数据）搜集的都是个人层面的数据，然后再归纳为正确的地理层面的数据（统计税务数据的行政区域与统计人口数据的人口普查区域）。数据挖掘师能够获取这种综合数据，通过这种方案收集并使用数据，但要遵守相关原则和法规。

加拿大政府最近的决策使配合加拿大统计局收集人口数据变成了一项自愿的活动，而不再是强制性的。但是，由于加拿大政府强制要求公民递交个人所得税档案，因此加拿大统计局的税务档案数据不存在类似的情况。

2011年，加拿大政府通过这种方式获得了人口普查数据，这使得不同时间范围内的比较失去了意义。对社会人口调查者来说，他们现在的工作，尤其是在确认关键社会趋势和行为的过程中会遇到诸多限制，因为此类数据需要参照不同历史时期的人口数据和行为。在数据挖掘中，这种新的自愿方式带来的影响较少。大部分数据挖掘的目标都不再关注人口趋势随时间发生的变化，而是更加注重比较不同记录之间的不同之处。通过使用某一个时间点的数据，数据挖掘师不再关心数据的收集方式，而是更加关心它的丰富程度以及广度，从而找出变量，实现排序、区分记录的目的。

第 7 章

数据挖掘过程：利用外部数据源建立分析文件

为了进行数据挖掘购买外部数据时的注意事项

参考不同数据源之后作出的决策对数据挖掘实践来说极其重要。在为数据挖掘购买外部数据时，新数据不是为了替代原有数据，而是以补充的形式将现有的数据环境补充完整。然而，即使这样，也不能确保补充后的新数据能够带来更优的结果。我们将在后续的章节中深入探讨提升图，它为我们提供了一种选择。例如，此类表格的新增回报（见图 7-1）是附加序列或外部数据提供的增量，专门用于预测模型和定位目标客户。

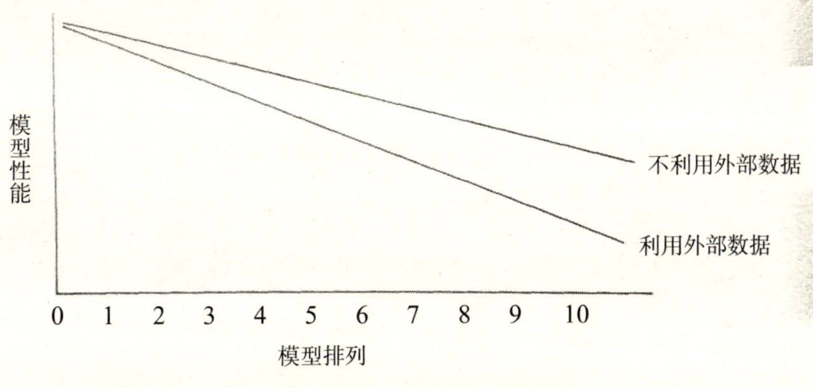

图 7-1　有无外部数据的提升图

第 8 章

数据存储与安全

关于数据挖掘的效果，大多数人认为应该归功于相关软件，尤其是数学或者统计方面的应用程序。然而，许多这类工具已经诞生超过 25 年了。最初阻碍这些工具应用于商业世界的原因就是经费。使用合适的计算机运行这些工具，费用相当昂贵。然而，在今天的技术环境中，数据的处理已经不再受到限制，真正的限制在于人，在于我们如何才能将这些数据转化为有用的信息。事实上，诸如美国阿帕奇公司（Apache）这样的企业已经推出了 Hadoop 和 MapReduce 之类的技术，它们将数据处理能力提升至了一个新高度。大数据的盛行推动了这种技术的发展，让我们能够利用大数据的“三个 V”特性：用不同的方式（Variety，种类）处理海量数据（Volume，容量），并且在大多数情况下实时（Velocity，速度）处理数据流。

这些技术进步让我们能够更加广泛地运用数据挖掘技术，主要基于以下两点：

- 提高了存储和访问数据的能力；
- 提高了处理指令的能力。

提高存储、访问、处理数据的能力是这一显著成就的一个方面，同时还降低了计算机内存以及硬盘存储技术的成本。可用性和可负担性提高之后，计算机内存（RAM）能够暂时存储更多的数据集，处理（读、写、计算）数据的速度以及数量都得到了大幅提升。这时，计算机处理的往往是缓存数据而非硬盘上的数据。这种进步让我们能够以更低的成本处理更多网络数据，从而加快读写速度，提高可靠性，将数据以在线形式（便于读取）存储起来。从商业的角度来看，这使处理海量数据的能力飞速提升。

数据是数据挖掘师的主要工具。正如法律规定的那样，数据或者信息安全对数据挖掘师来说万分重要。因此，保护数据不仅是数据挖掘师的工作，更是一种职责。数据挖掘师经常需要传输或者接收数据，因此他们必须清楚地知道数据中所包含信息的敏感程度。这种敏感程度将直接决定数据传输时所使用的协议和处理方式。不同类型数据的处理方式千差万别。如今，为了防止敏感信息泄露或者被窃，数据传输协议往往极其严格。加密技术和安全文件传输协议（SFTP）是最常见的传输协议之一。

另一种确保数据安全的机制是选择正确的数据保存方式。数据挖掘师习惯于长时间保留数据，并且随时读取。但是长时间存储数据必然存在一定的风险，尤其是数据中包含姓名、住址以及其他个人信息时。因为数据挖掘师是通过处理数据找出解决方案的，他们在应用方案解决商业问题或者开展商业活动时，还需要数据完成下一步任务。比如，在应用数据挖掘方案时，需要直邮营销活动中的姓名和地址信息，以便与参与活动的客户联系。这类情况的第一准则就是数据永远需要保存六个月。这也就意味着，后期分析或者效果分析应该在活动开始起 6 个月内完成。如果数据存储超过 6 个月，就应该对数据进行存档处理，或者根据数据拥有者的要求销毁数据。

Data Mining
For Managers
How to Use Data to Solve Business Challenges

第 9 章

隐私问题

隐私是每个人都很重视的话题。在加拿大，很多针对隐私的重要观点已经体现在了《个人信息保护与电子文件法》（Personal Information and Protection and Electronic Documents Act，PIPEDA）中。该法律明确规定了营销人员以及数据挖掘师在利用个人信息时可以做什么，不可以做什么。但法律中仍然存在一些灰色地带，像“合理”这样的词有很大的解释空间。在大多数情况下，营销人员和数据挖掘师尊重法律，因为这里面规定的行为正是许多企业多年实践的结果。在为客户提供合适的服务和产品时，尊重并迎合客户对保护隐私的需求是一种正确的商业行为。

行业的行为和准则最终会形成或严格或宽松的法规。这一领域制定法规的方向最终取决于营销人员对客户隐私的尊重程度。这就是说，数据挖掘师与数据库营销人员必须谨慎对待隐私问题。

法律条文中有 10 条相关规定，其中 3 条对数据挖掘领域来说至关重要：

- 明确使用信息的目的；
- 征求同意；
- 安全保障。

我们在上一章讨论了安全保障的原则，本章中将重点关注前两条。

运用客户信息开展数据挖掘，并不像隐私专家们担心的那样在保护隐私方面具有争议性。为什么这么说？因为利用数学和科学是为了帮助商业人士针对群体作决策，而不是针对个人。尽管现实是数据挖掘分析的结果最终会应用在个人层面，但是帮助作出决策的洞见全部都是在由个人组成的群体基础上得出的。

第9章

隐私问题

明确目的

征求同意的条款应当明确陈述使用相关信息的目的。具体来说，如果搜集的信息是为了将姓名信息租给或者卖给第三方用于营销活动，那么就应当清楚地写在条款中。如果搜集信息是为了给企业其他服务或者产品提供帮助，那么也应当明确写在条款中。但是，一些保护隐私的激进人士认为，应当将具体的信息使用方式体现在条款中。例如，一些人认为，客户有权知道自己的信息将会用于分析。

营销人员是否应该将复杂的多重回归分析和多元变量的原理向公众解释清楚？这将是一项极其复杂的工作，但是也许确实应该这么做，因为这样做是对的。我们怎样知道一件事正确与否？根据使用信息的法律法规，“正确”的含义就是合理。那么，客户清晰地了解营销人员如何分析自己的信息，这是否合理呢？合理的是，客户希望了解营销人员如何利用自己的信息开展营销活动。客户同样希望未来利用自己信息开展的营销活动应当与自己同意进行的、最初的营销活动相关。例如，愿意提供个人信息的信用卡客户希望得到保险服务，他们希望在失业时依然享受同等的信用额度，这就是合理的。但是，如果某个为非营利性组织捐款的人希望在申请新信用卡时享受更多优惠，这就是不合理的。

我并不是想说非营利组织需要限制自己的活动，而是强调所有企业都必须从客户的角度考虑究竟什么是合理的。

合理并没有明确的定义，并且在法律条文中到处都在衡量合理性。这就是为什么权威人士认为法律在不断完善，尤其是在信息时代。所有需要遵守这些法规的人在应用这一条款时，都会有更加深刻的认识和体会。

客户是否真的关心数据挖掘工具和分析数据所用的统计学？如果这些工

具是用来挑选客户的，那么很多人会认为，客户并不关心他们是如何被选中的，而是关心他们被选中体验什么样的服务和产品。只要他们被选中，使用这类工具挑选客户的方法根本没人关心。这也许就是时下客户心目中“合理性”的分界线。正如前文所说，随着应用相关法规的实践逐渐深入，合理性的界限也许会发生变化，也许客户会要求了解企业是怎样分析自己的信息的。如果真的变成这样，或许《统计学从入门到精通》（*Statistics for Dummies*）将成为畅销书。

征求同意

相对直观地看，征求同意就是看客户是否允许企业使用其信息。但是，其实这是一个比较复杂的原则，因为它往往与企业使用客户信息的方式密切相关。具体来说，某家企业可能只向现有客户推销产品或服务，并且反对向第三方出租或者出售客户信息，这些都是非常特殊的商业活动。一些人认为，前述活动不断向现有客户推销产品，因此在征求客户同意方面，比将客户信息出租或者出售给第三方企业受到的限制要少。事实上，即使是出租和出售客户信息给第三方，征求客户同意的程度也是不一样的。例如，将信息出租给某家商业出版公司与租给某家慈善机构就有很大区别。然而，在大多数情况下，出租或者出售客户信息已经不再被大众接受。那些仍然在从事这一活动的企业，在获得客户同意方面必然会付出更多的努力，因为企业希望客户能够参与到活动中，允许它们使用相关的个人信息。其他的限制则在于，企业需要提供更多关于自身的信息，以便能够得到客户姓名和住址的信息。

第 9 章

隐私问题

选择参与 vs. 选择退出

在征求客户同意方面，选择参与选择退出有很大的差别。如果是选择参与，在获得客户同意之前，需要客户参加一些活动。例如，客户必须选择是否接受企业的促销广告或者沟通信息，只有客户点击确定，同意才算真正生效。空白并不代表客户默认同意。在其他一些情况下，企业会用一些问卷调查的方式获取更多客户信息，同时会在调查之后声明，填写内容就意味着客户同意企业将这些信息用于未来的营销活动。

从营销的角度来看，对大多数企业来说，选择参与的方式存在诸多限制。这些限制很可能严重影响企业盈利，因为很多人根本就不会主动参加活动。这并不是说他们无意领取附加产品或者服务，而是他们根本就没有兴趣勾选复选框，或者根本没注意到这种促销信息。在选择参与方式中，能够为企业所利用的信息寥寥无几，因此，营销人员根本无法从大量信息带来的规模经济中获得帮助。尽管很多活动过去能够为企业增加利润，并且能为客户提供更多价值和服务，但现在很多企业不再继续开展这些活动了。因为很多活动无法盈利，失业就会增加，同时价格上涨，这对经济来说有百害而无一益。不过，在数字营销中，由于海量信息对客户的轰炸，选择参与的方式已经成为一种常态。事实上，近期加拿大政府制定的关于反垃圾邮件的法律中规定，营销人员在发送邮件时必须征得客户的同意。

由于选择参与方式的声明让很多客户敬而远之，许多企业开始尝试为客户提供一种“选择退出”的方式。在这种方式中，客户需要点击按钮，拒绝企业使用自己的个人信息。如果空白，则意味着客户同意使用个人信息。选择这种方式的关键就在于，这些声明必须清晰地展示在客户面前，任何缩小字号，或者放在文案中间或最后等不显眼的地方的做法都属于违法行为。除此之外，对那些擅长营销的专家来说，这种定义明确的选择退出方式能够巩固自身与消费者之间的关系。请谨记，这种方法对诸如寄送信件这种非数字渠道来说更加有效。

渠道问题

除了征求客户同意，另一个关键问题就是推广产品和服务的工具或者渠道。举个例子，直邮、电邮、电话营销需要客户同意的程度是不同的。不同的限制取决于所使用的渠道。有些渠道更加容易让人反感，例如电话营销比邮寄信件更加让人反感，尤其是在晚餐时段。对营销人员来说，做数字营销或者电话营销时最好使用选择参与的方式，而邮件营销则可以考虑选择退出的方式。

争取客户同意的时间段

假设某位客户不接受促销信息，但是法律并没有具体规定响应客户决定的时间，如果客户不同意，难道就把他从营销名单上永久删除吗？营销人员肯定会发现“不接受促销”的档案数量会随着时间不断增加，而在某个时间点，这就意味着机遇。这一点与企业重新建立之前已经失效的客户关系类似。客户一段时间不再与企业发生互动关系，营销人员就会尝试重新建立关系。对“不接受促销”的名单也是一样，一段时间之后，我们可以重新确认这些客户的态度。每月发给客户账单时，可以同时推送选择参与声明，如果客户改变主意，企业就会有新收获。

与此相似，如果某位客户同意企业使用个人信息，那么问题是这种许可的有效期是多久呢？法律在同意和不同意的时间段上都没有明确规定。这个问题会随着实践不断变化。

以上例子说的都是客户，那么预测呢？假设某家企业从电话本里面搜集了客户姓名，并且根据采购策略，决定建立一个预测的历史数据库。随着数据库的流行，营销人员在采购活动中往往习惯使用数据库。随着时间推移，他们会收集有关个人的促销类型、促销频率、促销近时效应等数据。这些信息非常重要，企业可以利用它们将客户根据促销频率和促销近时效应划分成不同的群体。那么，企业是否尊重了客户的隐私呢？这一点有待商榷。当然，客户并不知道企业会利用这些数据来锁定自己。我们从细节来看这些信息，这些信息都是之前的促销信息，反映了企业在提升成功概率方面的作为。这些数据是从企业自身出发的，并不是出于客户的角度。这些数据中并没有关于客户活动或者客户交易行为的信息。从这个角度来看，这些关于成功概率的历史信息并不敏感，因为数据库中并没有与客户密切相关的信息。既然这些信息并不敏感，营销人员就可以制定更好的预测，并且不会招致客户反感。

在社交媒体营销中，大多数客户信息都有其自身的特点。但是社交媒体的急剧成长，催生出了一个新的分析领域，即利用文本挖掘获取信息。大多数人并不会想到这些信息会被用于营销。但是这种时候，客户行为与企业行为不同，企业不需要客户首肯就可以获得信息。因此，是否尊重客户隐私这个问题并不好回答。

出租或者交换名单

数据挖掘通常用于筛选客户名单或者预测，从而获得新的客户。例如，如果客户订阅了某本杂志，他们会看到自己的姓名可能会被出租或者出售给第三方的声明。这个声明属于选择退出方式，客户可以决定是否将姓名信息公布给第三方。换言之，订阅者或者客户在决定是否公开个人信息方面具有主动权。但是，如果《花花公子》（*Playboy*）决定将自己的客户名单出租给另一家机构或与其交换呢？这时，一个简单的选择退出声明能够起作用吗？有人会说，选择退出方式是唯一的解决方案，因为这会让人觉得合理性（这一点在法律条文当中十分主观）已经上升到了一个新高度，因为这本杂志与其他杂志相比，信息敏感程度比较高。在这种情况下，除非客户直接向企业表态自己愿意将个人信息展示给其他企业，否则就意味着客户不同意这种行为。在这种选择参与的情形中，客户必须通过明确的行为表示同意，否则默认为客户不愿意公开信息。

尽管《花花公子》杂志的例子比较极端，但是在使用客户信息促销其他产品和服务时，最常使用信息的人是数据挖掘师。例如，假设信用卡公司要将信用保险卖给客户，这种产品能够保障信用卡收支平衡，帮助客户渡过诸如失业之类的经济困难时期。在此期间，保险公司不断为信用卡支付最低还款。在提供这一产品之前，企业会首先给客户发送一个选择退出声明，让他们自主选择是否接受促销信息。这种声明也许还会告知客户，客户个人信息将用于定制更好的产品和服务。如果客户没有反馈，则默认为同意，企业就会使用信用卡交易信息和客户个人信息，根据特定的客户信息以及对保险产品的喜好程度，筛选出合适的客户名单。

第 9 章

隐私问题

利用信用风险数据

信用风险数据对营销人员来说是筛选客户的最佳信息。在许多营销模型中，这通常是最强的变量。客户通常认为这些信息只用于决定是否授信，因为他们填写申请授信表格时，表格上有清晰的声明。

不管怎么样都应该征求客户意见，询问他们是否愿意将这些信息用于营销。很明显，在这里合理性根本说不通，毕竟信用卡风险信息也并不都用于营销。但是，像艾可飞①（Equifax）这样理解数据价值的企业，在建立数据库时都会包含信用信息，而且是按照行政区域综合统计的。企业购买此类信息，只是将其作为另一种获得地理信息的来源。尽管这类行政区域整体信用风险数据并没有用户个人信用风险等级的大数据效果好，但仍然具有很高的价值，它们能够帮助不同的产品和服务锁定消费者。

总而言之，在隐私方面，我们需要明白一点，在这个领域并没有专家，因为客户隐私是一种变动因素。即使律师精通法律条文，他对数据库营销和分析的了解也并不多。因此，营销人员需要应对保护消费者的法规，但是由于律师并不理解这些应用和数据，这就需要运用技术来解决这些问题。但是，随着时间推移，律师、商业人士以及数据挖掘师都会获得越来越多的经验，从而加强立法，同时保障客户和商业人士的权益。

① 全球最大的信用公司之一。——译者注

Data Mining
For Managers
How to Use Data to Solve Business Challenges

第 10 章

数据类型与质量

不同层级数据之间的差别

在数据挖掘界有一个所有专家都认可的观点，那就是数据的成分和内容是决定数据挖掘成败的关键。尽管技术和软件领域最近取得了不少新成就，它们可以极大地优化数据挖掘结果，但数据才是真正决定数据挖掘项目成败的关键。因此，理解不同的数据类型与质量十分重要。这些知识能够让我们充分理解数据挖掘能够施加的影响力。

数据挖掘师应当从以下四个主要方面理解数据质量：

- 数据粒度；
- 数据偏差；
- 数据覆盖率；
- 数据值范围。

数据粒度

数据挖掘的目的是尽可能获得个人信息。因为最终的解决方案都是为个人服务的，因此个人信息有助于分析师利用每条记录不同方面的值制定方案，如表 10-1 所示。

表 10-1　客户统计数据示例

客户	年龄	收入（美元）	响应
1	75	80 000	是
2	28	40 000	否
3	45	60 000	否
4	33	45 000	否

（续表）

客户	年龄	收入（美元）	响应
5	62	70 000	是
6	65	75 000	是

如果没有统计经验，我们能从以上表格中得出什么基本结论呢?

- 年长的客户响应得更多;
- 年龄与收入呈正比，年纪越大，收入越高;
- 高收入客户响应得更多。

现在，假设我们拥有地理数据或者综合数据（也就是加拿大统计局的人口普查数据，记住，很多国家的此类数据都是人口普查数据）。通常来说，这些数据是人口普查区域的综合数据，内容涉及收入、年龄、性别、受教育程度、种族、职业、语言、流动情况等方面。

这些信息可以通过一个转换表补充到客户文件中，转换表中包含了两种信息中的邮编和人口普查区域信息，可以根据邮编进行合并。不同区域的客户具有不同的普查区域值。但是，处于相同区域而邮编不同的客户则普查区域值相同。在补充数据时，数据挖掘师希望得到最细粒度的数据。也就是说，既定程度上的数据将汇总到最精练的程度。具体来说，下列不同层级都可以补充附加数据:

- 前分类区域（Forward Sortation Area，FSA，指邮编前三位）：将近 10 000 个家庭;
- 同一邮编范围：将近 800 个家庭;
- 人口普查范围：将近 400 个家庭。

很明显，人口普查数据更符合粒度要求，是我们的首选数据。不过，同一邮编范围内的数据中与财务相关的信息是人口普查数据中没有的内容。这类信息中包含的数据有：

- 慈善捐赠；
- 注册退休储蓄计划（Registered Retirement Savings Plan，RRSP）；
- 股息收入和投资收入。

同一邮编范围内的数据每年都会更新，而人口普查数据每5年才更新一次。根据数据挖掘的不同目的，购买外部数据时需要在这两者之间作出选择。在加拿大之外的地区，这一原则同样适用。

为了使用外部综合数据来补充缺失信息，我们来看一下包含年龄、收入以及响应情况的客户信息与人口普查数据是什么样的。如表10-2所示，这6位客户的信息反映了一个明显趋势：收入高且年纪大的客户响应得更多。

表10-2　6条包括人口普查数据的客户记录示例

人口普查范围	年龄	收入（美元）	响应
10010001	75	80 000	是
10010001	28	40 000	否
10010001	45	60 000	否
10080002	33	45 000	否
10080002	62	70 000	是
10080002	65	75 000	是

现在，我们假设这组信息仅可在人口统计的水平上使用，那么其汇总后的形式将如表10-3所示。

表10-3　6条客户数据（升至人口统计水平）示例

人口普查范围	年龄	收入（美元）	响应
10010001	49.3	60 000	0.33
10080002	53.3	633 000	0.66

这些示例解释了将综合数据应用在某一个水平上时，数据是如何丢失的。任何时候都让数据保持在最小粒度是每一位数据挖掘师最重要的目标之一。

数据偏差

数据挖掘初始阶段最基本的一个问题是，在应用解决方案时数据是否典型。这是什么意思呢？针对客户进行严密调查后，将得出的结果和了解到的信息应用在加拿大人口身上，但后来发现这次的调查对象大部分都是女性（大约 80%）。那么，这种做法就是错误的，因为真正的人口性别比例应该是 1∶1。优秀的数据挖掘师能够正确处理数据，并找出相应的解决方案。在上述情况下，他们可能会选择将之前的客户调查分层，从而按照 1∶1 的性别比例得到一个有价值的分析样本。这就需要随机挑选出调查结果中四分之一的女性。

另一个具有参考价值的例子就是在国家层面上得出的解决方案能否应用在某一地区范围内。无可争议的一点是，加拿大魁北克地区与其他地区不同，主要原因是这一地区的官方语言是法语。有经验的营销人员会说，加拿大其他地区适用的方法不适用于魁北克省。这也就是说，为这一地区制定方案时必须从该地区搜集数据。事实上，就我个人经验而言，将魁北克地区的解决方案应用在其他地区说法语的市民身上根本行不通。反之，将加拿大其他地区的方案应用在魁北克说英语的市民身上亦然。在其他地区，在应用数据挖掘解决方案时也必须考虑到类似的地区差异问题。例如，针对美国得克萨斯州的解决方案真的适用于新西兰吗？

这两个例子解释了在判断数据是否存在偏差的时候，我们需要考虑到某些基本的人口统计问题。除了性别和地区，还需要我们留意的特征包括收入、年龄和家庭成员。在判断某个样本数据是否存在偏差的时候，我们可以简单地将加拿大人口统计数据和样本数据放在一起进行对比，如表 10-4 所示。

表 10-4　人口统计数据与样本平均值的对比

人口统计数据	加拿大人口	数据挖掘项目样本数据
生活在西部	20%	19%
生活在魁北克省	28%	27%
生活在安大略省	40%	41%
生活在滨海诸省	12%	13%
收入（美元）	38 000	37 000
年龄	45	44
女性占比	51%	49%
家庭成员数量	1.5	3

数据覆盖率

文件或数据库中包含多个字段，但这并不意味着所有的信息都有用。数据环境中通常会出现很多字段空缺的情况。数据挖掘师面临的最常见问题之一就是数据缺失或者多个字段空缺。数据审计（我们之前讨论过）能够帮助数据挖掘师掌握不同数据字段缺失的普遍程度。根据频率分布，我们在缺失数据的基础上，能够准确判断某个变量的作用。数据挖掘界的普遍原则是，如果数据缺失超过 90%，那么该变量就没有价值。企业可以利用数据审计的结果建立一个变量的标准清单，作为未来数据挖掘的模板。

数据值范围

检查变量值范围能够帮助数据挖掘师确认可能出现的离群数据，对那些本质上连续的变量来说，这一点尤其重要。找出特殊值还能让数据挖掘师明白他们应当如何利用数据。例如，如果整个分析文件中都是男性数据，那么性别字段就只有一个值。那么性别这一列在未来的数据挖掘中就失去了意义，因为没有其他结果可供比较。有些情况下，字符变量（例如产品编码）可能会包含成百上千种结果。在这种情况下，就没必要将结果局限在二元变量中，而是应当分组或者分类。最佳的例子就是基于地理分布分析数据。基于地理分布的分析通常是按照地区或者省份进行的。基于邮编的分析并不能了解居住在某个邮政区域内的人（数量比较少），还有并不住在这一区域但与该地居民有关系的人（样本数据中的其他人）。

数据增强服务

过去 20 年间，应用数据的业务急速增多，这完全归功于数据挖掘技术的发展。从历史角度来说，分组只是确认预期的一种手段。但是随着数据使用变得越来越复杂，分析师不只关注分组，同时也注重建立起这些分组的原始数据。分析师式的思维就是，在建立数据挖掘解决方案时考虑到不同的数据输入。有了这种思维，数据供应商自己就会主动改善，并提供数据增强产品，而不仅仅是分组编码。有些企业提供的数据增强产品能够准确确认民族属性。还有一些组织能够提供比加拿大人口普查数据和税务档案更详细的基于邮政区域的人口统计信息。事实上，这家组织利用这两个以及其他数据源来制作基于邮政区域的年度人口统计数据。

尽管这种数据粒度更高（基于邮政区域），并且似乎比加拿大统计局的数据更具优势，但是这种基于邮政区域的人口统计数据都是估算值。这些估算值是根据计算公式算出来的，存在一定程度的误差。不过，在寻找数据挖掘解决方案的过程中，为了根据期望的行为将预期结果区分开来和（或）区分不同客户，这类数据比原始的加拿大人口普查数据更有价值。然而，对数据挖掘来说极其重要的一点是，在创建解决方案时，必须清楚地区分原始数据和估算数据。除此之外，掌握数据的粒度水平（基于邮编或人口普查区域或个人纳税信息或FSA）能够从更多角度预测解决方案的效果。正如之前所说，更小的粒度水平数据能够极大地优化数据挖掘解决方案。

到目前为止，我们所讨论的数据都是综合数据，并且是为获取新客户项目服务的。当然，我们也可以获得相应的个人数据。某家企业建立了大型的客户数据库，通过在线调查的方式向加拿大人收集了个人信息。他们通过优惠券和折扣的手段邀请客户填写个人信息。但是人们对这些信息有争议，有人认为这些数据都是客户的说法，很多时候他们这么说但并不代表会这样做。另一些人则认为这些数据存在问题，因为这其中很可能有客户偏见。也就是说，这些参与调查的客户可能并不是预期客户。然而，尽管存在诸多限制，但这些信息对排序、区分预期结果来说仍然具有极高的价值，并且能够帮助获取新客户项目精准确定目标客户。营销人员能够从两方面利用这些信息：他们可以租借该信息中的客户数据，也可以利用这些信息建立模型，然后从中筛选出最佳客户名单。究竟选择哪种方法则取决于业务类型以及企业的产品。

在B2B营销中，提供数据增强服务，帮助企业准确锁定目标的供应商正在逐渐增多。一些企业专门为某个行业中的客户服务，还有一些则专门锁定大型企业。但只有两家企业在提供数据增强服务的同时也出租名单，而且业务不局限于某个行业或者某一类型的企业。这些信息包括各家企业的记录，其中包括行业、销量、员工数量、从业时间以及其他企业统计数据。营销人员同样有两种选择，要么选择租借名单，要么利用企业统计信息建立模型筛选名单。同样的，选择哪种方法取决于企业的业务类型以及产品。

关于缺失值

前面提到的缺失值转换问题，在数据挖掘过程中十分关键。连续变量值空缺时用平均值来填补，或者用默认值填补类别变量的缺失值都是可行的办法。但是，如果该变量在数据挖掘过程中扮演着举足轻重的角色，那么就应该用更精确和稳健的方式确定变量值。例如，特定的保险产品对某个年龄段的消费者来说更具吸引力。在某些情况下，年龄就是预测该保险产品销量的最重要因素之一。不过，我们的数据库中可能只有一半的客户信息中包含年龄信息，这就会降低该变量对于客户行为的影响力。在使用预测模型技术或者其他市场细分分析方法时，我们可以根据其他客户信息估算年龄的值。尽管估算值在某种程度上存在误差，但是比起用平均值代替，估算出来的值更加接近于真实数据，因此价值也更高。

第 11 章

细分

为了充分了解客户，我们要做的第一步就是将客户细分。尽管很多咨询师也认可这一步，但是他们在细分客户的方法上各不相同。细分客户时，既有实践经验，也有科学方法。我们并不是从中挑选一种更具有优越性的方法，而是根据客户群的复杂程度以及目前碰到的商业挑战在两种方法中选择其一。例如，某家银行的客户数据库中包含 100 万条客户记录，而某家企业的数据库中仅有 5 万条记录，那么前者就需要使用更加复杂的细分方法。在银行针对学生开发的项目中，与划分出一批特定客户并制定相应的独特策略相比，将学生划作客户细分群体的一种要容易得多。

在选择细分方法时，要记住一条商业界流传已久的格言——简单粗暴（Keep It Simple，Stupid，KISS）。其原因如下：

- 便于理解；
- 便于执行；
- 便于追踪。

在开发任何细分系统时，该系统带来的新增利润必须与自身的复杂程度相匹配。复杂程度会增加细分方法的难度，因此会提高执行和追踪结果的难度。

首先要考虑的问题是，要在数据库中创建几个客户细分类别。有的企业有 50 多个客户细分类别。采纳或者建立最初的细分系统时，有一条黄金准则就是客户细分类别不超过 10 个。保持客户细分类别数量最少，我们就能了解到更多信息，从而确定是增加还是减少细分类别数量。

也许有人认为，对某个具体项目来说，确认准确的客户数量是一个非常笼统的任务。但是，细分系统的作用就是找出一系列客户细分类别以及能够应用在每个类别上的稳定模型。

细分有不同的含义。例如，它可能只是使用商业规则，挑选出客户保有期为两年以上，收入超过 10 万美元并且购买两件以上产品的客户。细分也可以是通过某个模型或者有价值的标准，按照客户的得分划分。我们还可以使用统计数据细分客户。这些方法不存在优劣之分，只是不同的商业问题或者不同的数据需要选用不同的方法罢了。对特定的商业利益相关者来说，简单和复杂的方法都可以接受。并不是所有的细分方法都需要复杂的统计数据。有时候，用简单实用的方法就可以完成细分。

简单 VS 复杂

在选择简单或复杂的方法时，首先需要考虑的因素就是数据环境。数据越多就意味着分析质量越高，将其应用在营销活动中的目的性也越强。反过来说，这就会对数据质量及其多样性提出更高的要求。复杂的解决方案需要丰富的数据环境。

第二个重要因素就是客户数量。客户数量越多，获利的空间就越大，即使提升的效果不显著时也是这样。例如，与在 20 万名客户的基础上增长 5% 相比，在 200 万名客户的基础上增长 1% 的潜在机会更大，尽管增长空间较小，但是客户数量更多。有了大量客户作基础，就能够探索更加复杂的解决方案。

我们通过几个例子看一下现实生活中的状况。假设某家企业销售某种产品，并且收集了过去两年间购买该产品的客户的账单信息，其中包含了客户姓名和地址。目前的客户数量为 10 万名。这时，企业需要判断这些信息的用处，究竟是用来锁定目标客户，还是仅仅用于沟通？大多数人认为这两者可以兼而得之，但事实上，专业的解决方案往往只注重一种功能，不会同时完成两个目标。具体来说，如果主要目的是锁定目标客户，那么就不会进行分类收集。这时，姓名只会根据相应的目的排序，在本例中就是按照账单信息或者销售信息排序。排序之后，客户会等分成几组。第一等分代表消费额最高的客户，最后一等分则代表消费额最低的客户。然后，我们就可以根据客户优先购买该企业产品的偏好程度挑选相应的客户。然而，如果营销人员希望与客户建立一个有效的沟通机制，那么，他们就会需要销售额之外的其他数据。在本例中，目前提供的信息无法用于建立沟通机制，因为除了账户信息以外没有其他信息可用。

然而，如果该企业收集了支付方面的信息，并且追踪了某位客户的账户历史，那么就有可能创造出其他两种变量。第一种就是客户保有期，这一数据可以用客户首次消费日期作为相应的值。与此同时，企业可以根据支付类型将客户分为预授权客户与非预授权客户。在此期间，企业还可以收集其他数据，并且根据客户去年的购物总额找出排名前 50% 的优质客户。营销人员必须判断客户保有期与支付类型信息是否充足，能否用来开发专门的沟通项目。事实上，一个简单的收集工作就能帮助企业作出判断。只要通过科学分类，根据客户保有期和预授权情况在优质客户中找出是否存在某个特定的客户群，就能实现这一目的。我们可以看一看表 11-1 中所示的数据和结果。

表 11-1　前 50% 优质客户的两组分类方法示例

	客户保有期平均值	预授权计划占比
分组 1	2.5 年	40%
分组 2	6 年	20%

在本例中，分类能够为我们提供额外的视角。营销人员能够借此开发出更有针对性的沟通项目，因为新客户更喜欢自动付款，而老客户更加倾向于

用支票或信用卡付款。

复杂的例子

我们通过上面的例子可以判断出客户保有期或者预授权计划是否会对优质客户产生影响。通过分析，我们对前 50% 的优质客户和剩余 50% 的客户进行了对比，对比了诸如客户保有期以及预授权等变量。如果其中一个或者两个因素同时对优质客户产生了影响，那么就没有必要再对优质客户进行分组。但如果分析结果更加合理并且更易于实践，那么就可以按照价值对客户进行分组。这时，营销人员只需要将高价值客户与普通客户分开就可以，没有必要再对高价值客户进行细分。很多时候，这都是一种可以接受的方案。但是，对那些拥有大量客户（例如客户数量远远超过 10 万名）以及丰富数据的企业来说，这种方法就不够精确了。例如，某家银行拥有 500 万名客户，其中 250 万名客户是高价值客户，很适合参与未来的客户关系管理活动。

对这 250 万名优质客户进行分析，并与剩余客户进行对比，我们可以发现两者之间有七项主要的不同之处：

- 客户保有期长；
- 居住在多伦多市；
- 有抵押；
- 有几项投资；
- 有几项贷款；
- 有 Visa 卡；

- 交易费用高。

有分析师可能会认为，这份高价值客户文件不需要做数据挖掘就能得出这些信息。但问题在于：如何将这些信息用于开发有效的沟通项目？营销人员应当如何应对这250万目标客户呢？这时分组就派上了用场。例如，我们通过分析可以得到表11-2所示的分组。

表11-2 银行三组分类方法示例

	分组1平均值	分组2平均值	分组3平均值
客户保有期较长	3	10	3.5
居住在多伦多市	0.8	0.5	0.45
有抵押	0.9	0.4	0.49
有几项投资	0.3	0.35	0.7
有几项贷款	0.4	0.5	0.8
有Visa卡	0.6	0.9	0.65
交易费用高	0.5	0.8	0.55

上述信息表明，针对高价值客户可以开发出三种不同的项目。通过比较不同群组之间的变量，我们能够找出一个群组与其他群组不同的变量。对于群组1，我们可以开发沟通项目，吸引那些居住在多伦多市这类大城市的客户，为他们设计不同类型的长期贷款计划以及其他能带来收入的项目。对于群组2，沟通项目主要针对客户保有期较长的群体，为信用卡用户以及发生高额交易的用户推荐理财产品。对于群组3，则应该为那些既有大量投资又有大量借款的客户设计沟通项目。

这种方法允许营销人员在固定标准的基础上使用两种不同方法锁定目标客户，同时还能利用客户信息正确地与他们沟通。

第 11 章

细分

分析与分组

正如上文所讨论的，除了分组，另一个选择就是将优质客户（前 50%）与普通客户（后 50%）区分开来。描述与分组之间的差别在于，描述会用到目标函数，具体来说，就是消费者是否属于前 50% 的优质客户。然后再分析其他客户特征，将那些能够与剩余 50% 普通客户区别开来的关键特征找出来。这种方式称之为监督式学习，因为判断是否属于前 50% 优质客户的目标函数决定（监督）了那些能够将优质客户与普通客户区别开来的关键特征。

在分组过程中，没有任何一个变量能够决定其他变量的值。分组的目的是找出那些能够将客户划分为特色组与普通组的特征。此时的目标并不是优化某个特殊变量或者标准，而是将客户群组之间的方差最大化，同时保持客户群内的方差最小化。此时数据或者变量并没有被监督或分析。

也就是说，分组分析是一种非监督式学习分析法，根据这种分析法得出的结论或者观点不能对信息进行评估。正如前文所述，响应模型属于监督式学习，因为这种分析法的目的就是优化响应。保留模型则是为了找到触发点或者预测保留客户的变量。在分组分析的过程中，学习是非监督式的，这种分析法的目的是将所有的个体划分成若干同质分组，从而发现趋势或者规律。其与监督式学习的不同点在于，分组分析法中的分类方式并不由某一个字段的值决定，而是取决于所有的数据。

分组分析法究竟可以做什么？从实践角度来说，分组分析法可以将记录分类（为了实现客户关系营销的目的，这种分类是以个人为单位的），按照同质或者类似的特征将数据划分成不同的组别。换言之，就是在组内方差最小化的前提下，使组别之间的方差最大化。这也就意味着，不同组别之间的方差很大，如图 11-1 所示。

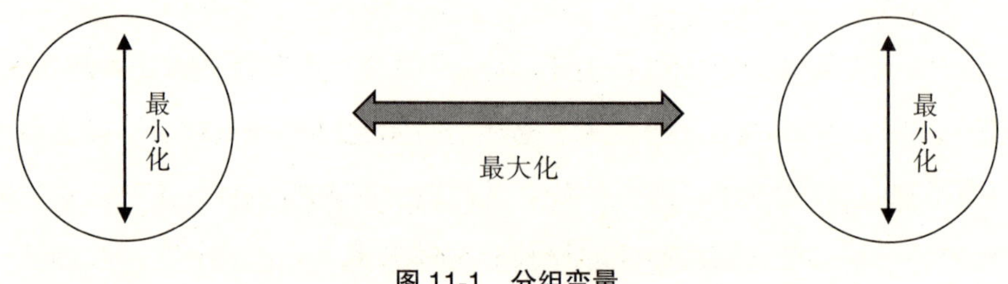

图 11-1 分组变量

分组分析法中包含多种技术。统计学界正在不断研究、探索新方法的合理性及其价值。较常见的两种方法是聚类分组法和等级分组法。这两种方法都必须使用标准化数据。没有标准化数据就会对结果产生不利影响。首先，异常值会使既定变量出现极值。分组的基础就是数据之间的方差，而这种方差建立在数据中变量的平均值之上。如果其中一些变量受到了异常值的影响，很可能会形成错误的分组方案。

变量值的量级和范围也会影响结果，因为变量值的量级在任何一个分组方案中都可能呈现出极大的不同。分组方案中可能出现的两种常见变量一般是收入和年龄。收入的范围是 0~100 万美元，年龄的范围一般是 0~100 岁。再次强调，实际值对分组分析法影响很大，因此很明显，对年龄和收入来说，无论是平均值（或方差）还是结果值都将产生很大的不同。但是这些不同都是由量级和范围决定的，与相互联系的字段之间的方差无关。很明显，我们可以找出相联系字段之间的数据方差，这样就可以对同质变量进行比较。

只有解决了异常值与变量值的量级问题，我们才能得出最终的分组方案。方案需要在进行分组之前首先实现数据标准化。实现数据标准化有多种方法。最常见的就是使用 Z 得分（Z-score）使数据标准化。这时，数据标准化也就意味着计算出客户记录中统计变量的 Z 得分。在 –3~+3 的有效范围内，绝对值越大的数据，统计价值也越高（+/–1.96=95% 置信区间与 +/–2.58=99% 置信区间）。计算 Z 统计值的关键公式是：（实际值 – 平均值）/ 标准偏差。这是大多数企业在评估某种商业情景重要性时的基础。

这个公式实际上计算出了标准偏差的数量。我们正是用这个标准偏差组与所有的变量进行比较。那些范围很大的变量值，例如年龄和收入，因为有了标准值就可以进行比较或者应用在任何分析方案中。

第二种数据标准化的方法无需计算，而是重新定义每个变量值的范围，将它们限定在 –1 到 +1 之间。图 11-2 展示了如何将年龄值标准化。

年龄	18，19，20，21，…………………………………………………………，100
重新定义范围	–1，–0.99，–0.98，…，+0.97，+0.98，+1

图 11-2　将年龄值限定在 –1 到 +1 之间

通过代数计算，25 岁可以转换为标准化数据中的 –0.83，而 75 岁的标准值为 0.75。第二种方法存在局限性，因为它忽略了数据在范围值内的分布状况。但是这两种方法在标准化数据时都可以选用，最佳的方法仍然是 Z 得分统计法。

我们现在从更细节的角度来看一下分组的概念。分组时，形心代表着分组的中心点。分组及其形心将记录放在分组内给定变量的实际值和变量平均值方差最小，而分组之间变量平均值最大的地方。形心由代表平均值的多维点和特定分组中所有变量的平均值组成。这些分组程序对特定分组及其形心是可迭代的。分组程序的迭代特性让我们发现，观察值与所在分组的形心值接近（体现出同质性），同时试图使观察值与其他分组的形心值方差最大化（体现出异质性）。在 K 均值聚类分组法中，原始分组的数量就代表了记录的数量。这些分组程序通过减少分组数量，使其达到同一分组内变量值方差最小且不同分组之间的变量值方差最大。

等级分组法则相反，最初只有一个分组。然后按照上述方法计算变量，最后确定分组的最佳数量。

仍然存在的问题是：究竟什么才是最佳的分组数量？根据分组分析法的目标，这个数字可能会相当主观。在“完美”的解决方案中，分组的数量应该与记录的数量相等。很显然，我们从中并不能得到什么洞见。但是一定存在这样一个理想的分组数量，既能提供具有意义的洞见和参考，又能实现异质分组之间方差最大化，同时同质分组之间方差最小化。其中一种方法就是利用 R^2 或者解释变异（立方聚类准则）。随着分组数量不断增加，解释变异的比例会随之不断增长，直到分组数量等于记录数量的时候，就达到了最大值。但是正如之前所说，尽管这种方法看起来完美，但它的实用性不强，无法给出有意义的洞见。关键问题在于如何得到解释变异的最大值，同时找出最优水平，并提供有意义的洞见。一种称之为“弯曲法”（Elbow Approach）的方法（见图 11-3），可以将解释变异划分在每个分组解决方案中，从而找出最佳数量。

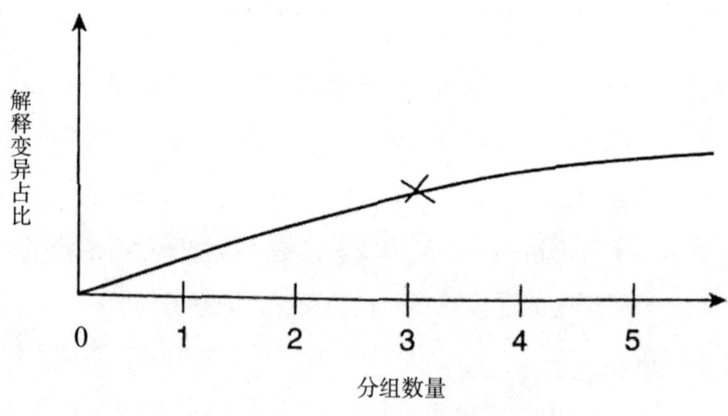

图 11-3　利用弯曲法找出最佳分组数量

分组数量增加，解释变异的程度也会相应提高。从上面的表格中可以发现，每种分组解决方案都是根据解释变异进行划分的。就解释变异来说，曲线开始逐渐平缓。而曲线刚刚开始趋于平缓的点，所对应的分组数量就是最佳数量。在上面的例子中，理想的数量是 3，因为解释变异的比例开始变得平缓，或者以数学语言来说，实际的边际增长开始下降。

在实践中，分析师应当将重心放在第三分组上，但是同时也需要研究第二分组与第四分组。这两个分组接近第三分组的拐点。这里就是体现数据挖掘艺术的地方，尤其是分析师按照本章前述内容研究某个分组当中的变量平均值时。在分析师以及商业人士共同判断的基础上，就能得出及符合商业需求，具有操作基础，同时又不会偏离科学规律的解决方案。

我们先不深入探讨这些技术和数学方法，而是先理解一个更加重要的东西——整体的分组结构，以及它是如何为商业活动提供解决方案的。事实上，所有的数据挖掘软件包都包含分组程序。在 SAS 中，一种能够快速分组的程序名为“快组”(Fastclus)，名字非常贴切。用户可以迅速在一系列不同的分组解决方案中找到拐点，发现边际增长下降、解释变异比例最大的地方。

有了解决方案，接下来的挑战就是沟通。换言之，这种解决方案对业务来说意味着什么呢？表 11-3 就是一个专门为某家财富管理公司客户制作的分组实例。

表 11-3　财富管理公司分组 1 的结果

分组 1 中的变量值非常重要								
变量	变量描述	分组 1 平均值	分组 2 平均值	分组 3 平均值	分组 4 平均值	分组 5 平均值	分组 6 平均值	相关系数
MISSRISK	风险容限	0.97	0.54	0.48	0.03	0.59	0.52	0.7303
MISSEMPLOY	缺少职业代码	0.27	0.1	0.08	0.07	0.04	0	0.2735

（续表）

分组 1 中的变量值非常重要								
变量	变量描述	分组 1 平均值	分组 2 平均值	分组 3 平均值	分组 4 平均值	分组 5 平均值	分组 6 平均值	相关系数
LSTCHGYR	距离上次合作的年数	4.11	2.86	2.25	2.83	3.81	3.16	0.2478
CGFpp	加拿大信托基金占比	0.46	0.36	0.36	0.26	0.4	0.36	0.1968
REINVEST	再投资	0.02	0.01	0.01	0	0	0	0.0735
GGIFpp	加拿大成长收入型基金占比	0.02	0.01	0.01	0.02	0.02	0.01	0.0485
CONT2002	2002 年的贡献	58.06	355.23	319.1	203.54	203.54	135.64	–0.0621

在本例中，最终解决方案由 6 个分组构成，也可以说将客户分成了 6 组。我们针对每个分组区别于其他分组的变量特点来描述这个分组。在本例中我们共考察了 200 个变量。为了描述变量，我们取了每个分组的变量平均值，并与其他分组进行比较。6 个分组均是如此。表 11-3 所示的表格仅仅展示了分组 1 方案的结果以及其他重要变量。这些变量的平均值与其他分组的平均值方差很大。这也就是说，这些变量可以看作该分组的特征。这些变量可以用来描述该分组的特征。本例中，分组 1 的结果可以为我们提供以下信息：

- 没有公开风险容限水平（MISSRISK）；
- 他们不喜欢在“了解客户”（Know Your Customer，KYC）之类的表格上填写职业信息（MISSEMPLOY）；
- 他们与该企业的合作状态长久不曾改变（LSTCHGYR）；
- 他们将更多的资金放在加拿大信托基金中（CGFpp）；

- 他们喜欢再投资（REINVEST）；
- 他们将更多的收入放在加拿大成长型收入基金（GGIFpp）；
- 他们不太可能参与注册退休储蓄计划（CONT2002）。

我们要对所有分组进行同样的分析工作，从而得到最终的描述数据，解析它们在特定分组中传递的信息。在分组 1 中，我们得出的结论是该分组中的客户不活跃，他们喜欢再投资，将资金放在信托基金中，不喜欢参与注册退休储蓄计划。

根据同质客户所在分组的特点，我们能够得到惊人的洞见。但是，商业判断力在此过程中的重要性远远超过其他情况下的重要性，因为这个描述就建立在商业人士解读结果的方式上。这其中存在主观性。通常情况下，分析师与营销人员会对不同分组的平均值进行比较，然后根据自己的经验解读结果。与预测模型相比，分组的方法更加主观。这也是分组描述尽管很有用，但在很多情况下却无法准确反映该分组情况的原因。通常来说，尤其是分组很多的情况下，某个分组很可能与其他分组具有相同的特征。这清楚地表明了为什么分组解决方案是一个适用范围极广的细分解决方案。

第 12 章

应用数据挖掘技术

第三阶段就是分析阶段（包括高级和非高级两部分）。我们前一章讨论过的细分，同样也发生在这一阶段。通过预测分析生成解决方案，商业和活动分析也都是这一阶段的任务。可以说，这就是数据挖掘中“最激动人心”的阶段。我们已经度过了数据阶段，不过需要明确的是，实践中还是数据阶段更加重要。数据是最关键的部分，但是在本阶段中，分析师需要应用各种工具实现数据“魔法”。这一部分我们首先讨论几个技术。

回归分析法

通过回归分析法得出的一个真正令人讶异的结论是，在预测模型中，输出与某个变量的幂次方关系密切。在典型的最小二乘法（Ordinary Least Square，OLS）回归技术中，分析结果通常被称为 R^2 的一部分。完整的 R^2 代表了模型的幂次方，而 1 就代表完美模型，就是说目标变量的全部变异性都是由模型中的变量决定的，里面不存在随机误差。与此同时，0 则代表着该模型无法解释目标变量之间的差别，目标变量值之间的差异都是由随机误差造成的。完整的 R^2 代表的是解释变异，相当于模型的输入变量除以总变异（解释变异 + 随机变异）。而部分 R^2 代表的则是变量在整个模型解释变异中的比例。部分 R^2 与完整 R^2 的商，就是变量对整个模型的贡献值。这些结论能够为营销人员提供有价值的参考。表 12-1 是响应率模型。

表 12-1　变量对整体模型的贡献

模型变量	对响应的影响	对整体模型的贡献
行为得分	正	35.00%
平均得分	正	25.00%
参与注册退休储蓄计划	负	15.00%

（续表）

模型变量	对响应的影响	对整体模型的贡献
金融机构产品数量	正	10.00%
已使用信贷限额的平均百分比	正	10.00%
是否住在草原诸省	负	5.00%

在本例中，营销人员准备将白金信用卡推销给客户。行为得分在模型中的影响力最大（35%）。其他与客户参与相关的变量（即银行业务活动），则反映出客户在办理白金信用卡时的偏好。唯一的例外就是“参与注册退休储蓄计划”这一项，我们能够看出有些客户的心态就是“先赊后偿”或者说“追求信用额度”，而不是“先存后花”。这只是一种观点，但是却反映出一种能够在未来活动中得到验证的概念。另一个变量（是否为女性）则表明，女性一般不会办理白金信用卡。

表 12-2 是另一个例子。在这里，只有一个变量（模型中 80% 的客户都参与了注册退休储蓄计划）。这个变量值是二进制的，也就是说，该变量只有两个值，1 代表“有”，0 则代表“没有”。这个模型从本质上来说只有一个变量。但是这是理想状况吗？更合理的下一步是创建两个细分群体：

- 参与了注册退休储蓄计划的人；
- 没有参与注册退休储蓄计划的人。

表 12-2　主要由一个变量决定的模型示例

模型变量	对响应的影响	对整体模型的贡献
生活在魁北克省	正	80.00%
客户保有期	负	8.00%
上一次消费时间	负	7.00%
购买商品数量	正	5.00%

接下来，分析师就可以分别为每一个细分群体建立模型。事实上，将细分与建模整合在一起是为了得到更好的解决方案。但是，我们是通过 R^2 统计数据来研究这两个细分群体的。

在建立模型时，只要证明变量在某个解决方案中的影响力，就能帮助营销人员进入建模的黑盒之中。黑盒在此处是指那些不为人知的挑选解决方案关键组成部分的过程。它对数据挖掘师、营销人员以及商业分析师来说极其重要。单纯依赖解决方案，却不了解其中的重要组件只会埋下隐患。更重要的是，让更多人理解模型的组成部分能够扩充他们知识面，让他们更加准确地评估这个解决方案。有了丰富的知识和经验，数据挖掘师就有可能会发现目前的模型变量没有意义。举个例子，在某个模型中，购买 X 产品被设置为一种变量，它会对购买 Y 产品产生有利影响。在进一步的研究中，分析师发现，在过去两年中企业一直在针对新用户做 X 产品的免费促销活动，而现在这一促销政策已经取消了。这个消息来自业务人员也好，来自营销人员也罢，都说明这个变量无法继续预测响应模式。但是，由于新客户似乎会产生更多响应，因此可以用客户保有期作为替代变量。如果模型中原本就有这个变量，那么应当加强对这个变量的重视程度。这种情形说明：类似的信息应当与项目中的其他利益相关者共享。明知建模是一种黑盒技术，但却不明白解决方案中的关键组成部分，这在当今崇尚知识的商业世界是行不通的。那些能够有效沟通技术细节的企业，会将既定解决方案共享给内部更多的利益相关者，这样得出的解决方案不仅仅是数据挖掘师或者营销人员单方面的意见，而是整个团队协作的结果。

因子分析法

因子分析法是一种常用的简化数据统计技术。在商业应用领域，分析师面对的是成百上千个变量。在因子分析法中，通过将因子输出得分视为变量，分析师可以缩减其他变量的数量。具体来说，某个项目中涉及 200 个变量，通过特征值区分标准（特征值的概念将在本章后面的部分介绍）得出 17 个与变量相关的因子。这 17 个因子得分可以作为输入变量参与分析和建模过程。因为很难向利益相关者解释清楚因子输出的意义，因此它们不能作为模型变量。而因子分析法最常被用来筛选变量，即通过某个因子选出得分最高的变量，如表 12-3 所示。

表 12-3 因子分析输出

变量	因子 1	因子 2	因子 3
1. 收入	0.905	0.255	0.255
2. 受教育程度	0.855	0.373	0.212
3. 财富水平	0.956	0.303	0.185
4. 产品 A	0.303	0.855	0.205
5. 产品 B	0.295	0.805	0.245
6. 产品 C	0.323	0.755	0.285
7. 产品 D	0.105	0.355	0.755
8. 产品 E	0.155	0.405	0.705
9. 产品 F	0.085	0.304	0.725

在这个极度简化的例子中，有 3 个因子可以完美诠释这 9 个变量。在本例中，各个变量（收入、受教育程度和财富水平）是因子 1 中挑选出来的高分变量。因此，因子 1 可以简单概括为衡量富裕程度。在第二个因子中，三

种产品（A，B，C）的加载系数比较高。在进一步的研究中，分析师有可能会发现，这三个变量基本上代表了一类商品——男鞋。了解到这些信息以后，我们可以创建一个二进制（是 / 否）变量“男鞋”来充当因子 2 。第三个因子中仍然是三种产品（D，E，F）的加载系数最高。这些因子系数表明它们都属于运动类商品。在此基础上，我们可以建立一个运动类商品的二进制变量。

因子分析法是一种相当有用的分析工具。使用者可以根据不同的特征值区分标准提炼出不同数量的因子。这种灵活性便于使用者通过较少的因子获得必要的信息和洞见。随着因子数量的增加，分析师需要用观察到的变量和信息解释某些因子重复出现的原因——它们已经用来解释之前的因子了。在选择不同数量的因子时，可以通过观察因子增加时能够获得多少新信息，或者因子减少时会失去多少信息来作决定。我们在统计分析阶段可以得到很多结论，因此分析师会根据数据以及自身的知识和经验选择最佳数量。这个最佳数量不完全由数据决定，也不应当完全取决于数据。

在决定因子数量时，分析师将特征值临界点视为统计标准，用它得出最佳因子数量。在大部分统计软件中，这个临界点为 1。如果特征值为 0，那么因子数量就等于因子分析程序中输入变量的数量。因为特征值为 0 就代表着程序中没有利用任何数学或者统计方法缩减数据。我们之前说过，基于简化数据的分析在得出新的洞见和信息的同时，也会损失很多原本的信息。有了特征值，使用者可以自行决定简化为多少因子，损失多少信息。正如之前所说，特征值是一个统计结论，反映的是所有因子组成的整体信息。因子数量越多，特征值区分标准得分越低；相反，因子数量越少，特征值区分标准得分越高。总特征值对各个因子数量都有决定性的影响。

正如需要得出最佳分组数量一样，分析师也必须得出最佳的因子数量拐点，找到信息边际损失最少的那一点，并将这个点的数量作为最佳因子数量。增加新增因子并不会显著缩小特征值，换言之，增加更多因子所带来的边际效力已经无法再提供任何信息。原始的统计输出需要与分析师自身的见解和经验相结合，而这些见解都是从较少的因子分析中得来的。这些信息会使分析师得到一个最佳数量，但这个数量与运用科学方法得出的数量之间会有一点出入。不过，分析师得出的数字与表 12-3 所示不会有太大差别，因为最优的数据挖掘结论往往都是科学与实践经验相结合的产物。通常情况下，分析师都会与业务人员一起分析结果。分析师将这些技巧应用在预测建模过程中，就能够极大地减少变量的数量。分组时，如果遇到成百上千的输入变量，也可以用同样的方法。事实上，因子分析法是分组过程中的一个标准步骤，因为引进的变量越多，分组程序越不稳健。

诸如因子分析之类的程序可以用来决定被缩减的变量（40~50），这通常也是分组过程中输入变量的范围。在预测建模过程中，因子分析不是寻找解决方案时必须进行的步骤。因子分析中最常用的技术叫做主成分分析法，通常缩写为 PCA。因子分析还有其他方法可以使用，但是它们的共同目标都是缩减数据并且是在非监督式学习中实现的。这也就是说，这个技术不干涉观察行为，它通过将数据按照形式分类，实现数据组之间的方差最大化。

因为在预测响应模型中，这种方差没有在不影响观察行为的前提下实现最大化，所以学习或者衍生因子的过程都是非监督式的。每个类型或者因子之间都是完全独立的。因子之间不存在多重共线性（也就是没有相互关系）。通过程序或者算法决定因子数量时，由于输入程序中的统计标准值，例如刚刚讨论的特征值标准，分析师可以掌控整个过程。

学术界关于这些程序的争论一直不断，很多人认为因子分析法因其假设的线性关系而存在局限性。大部分数据的分布并不是纯粹的线性关系。有人在不断研究能否编写出本质上是非线性关系的数据简化程序。从纯数学或者学术角度来看，非线性程序优于线性程序。但从商业角度来看，真正的优势在于，与传统因子分析法相比，对同一个需要数据挖掘技术的问题来说，这种方式能够提供新增价值。而这种商业领域的新增优势可以通过因为采用新技术所带来的新增回报去测量。

开发解决方案

我们在上一章曾经讨论过，创建能够应用在任意数据挖掘解决方案中的信息非常关键。衍生出新字段和变量能够反映数据挖掘师的洞见和经验。事实上，创建这种数据环境是整个过程中最消耗时间的部分。这一点符合逻辑，因为正是在这个阶段，数据挖掘师就已经基本上决定了解决方案的优劣。利用各种不同的统计技术将会产生几乎相同的结果。但是在真正的实践中，解决方案的优劣程度取决于数据，而非统计或者数学方法。

数据和创建分析文件非常重要，但是我们还需要处理一下数据。换句话说，数据挖掘师是如何利用数据的呢？他们把数据整理成报告，还是利用一些特殊分析法，又或者通过更加严格的计算方法得出诸如模型、描述或者分组这样的复杂解决方案呢？

在进行任何分析或者开发任何复杂的解决方案之前，首先必须明确数据挖掘项目的目标。例如，分析的目的是获得更多洞见，了解某种消费者行为吗？如果是，那么整个分组过程都是针对这种行为的，就称之为监督式数据挖掘。如果分析只针对某种行为，数据挖掘师就会将该行为作为因变量或者目标函数。其他情形下也需要分析，但是不需要针对目标函数或者因变量。上面讨论的分组分析法和因子分析法就属于这种类型。这两种技术都可以分析大量数据（通常情况下可以一次性分析成百上千个变量），但是两种分析法都不专门针对某种客户行为。从实践的角度来说，如果数据挖掘师需要分析客户属性，那么数据挖掘就是有针对性的，因为他们需要找出与属性相关的专门字段，例如“取消原因”。他们也可以潜在分析其他与客户相关的属性。这种方法同样与预测模型类似。预测模型要求分析师明确预测目标。例如，预测响应模型要求分析师建立一个字段，以反映响应结果（1 代表响应，0 代表不响应）。这个响应字段就称为因变量或者目标函数。更简单点说，就是建立该模型过程中的所有分析都是为了找出能够准确预测响应目标函数的信息。

决定好分析对象之后，数据挖掘师就可以运用各种不同的工具进行分析了。选择什么样的工具取决于特定的商业需求。例如，分析师通常都需要写报告。不需要什么复杂的统计算法，只需要能够利用并组织信息的技术，就能完成报告。在建立预测模型时，尽管可以使用的统计工具很多，但还是需要根据数据挖掘师的实际任务进行选择。具体来说，在建模时，分析师必须首先知道什么样的变量和信息对目标行为影响最大。

关联程序是能够催生基础性洞见的统计工具。尽管如此，这些关联报告并不代表统计学家们所熟知的典型的关联矩阵报告。一般来说，对 5 个变量进行关联分析，会生成一个 5 × 5 的矩阵，如表 12-4 所示。

表 12-4　5 × 5 关联矩阵

	生活在魁北克省	支出	商品数量	最近的支出	信用得分
生活在魁北克省	1	−0.5	−0.65	0.3	0.4
支出	−0.5	1	0.7	−0.45	0.5
商品数量	−0.65	0.7	1	−0.52	0.55
最近的支出	0.3	−0.45	−0.52	1	−0.24
信用得分	0.4	0.5	0.55	−0.24	1

在这个关联矩阵中，我们可以观察到所有可能的变量组之间的关系（强和弱）。关系的强弱程度由矩阵单元格中描述的关联系数决定。系数表明了两个变量之间的趋势是正还是负。在上面的例子中，“开销”与“产品数量”之间的关联系数最高，为 0.7。随着开销增加，购买的产品数量也会随之增加。与此同时，“生活在魁北克省”与“产品数量”之间的关联系数最低（–0.65），这说明生活在魁北克省的人整体上购买商品数量偏低。在这个矩阵中，相同变量之间的关联系数为 1。

然而，在数据挖掘中，关联分析并不能反映在上面这种矩阵中，而是反映在分析所有变量，找出因变量或者目标函数的分析报告中。例如，如果我们有 7 个变量，其中响应行为需要进行优化，那么关联报告就包含一个 6 × 1 的矩阵。需要预测的变量（响应）罗列在 x 轴上，其他变量（自变量）则罗列在 y 轴上。在这个报告中，y 轴上的变量都按照关联系数的绝对值排序，与 x 轴上的变量相对应。正如前面所说，正值与负值同样有价值。除了为变量排序的关联系数之外，还有一栏叫做置信区间。置信区间反映的是 y 轴变量统计显著性。基本上，关联系数越大，置信区间就越大。表 12-5 就是一个可用于建立预测响应模型的关联矩阵。x 轴变量是响应变量，不需要显示，因为这个表格就是根据响应变量得出的关联结果。

表 12-5　6 个变量与响应的关联矩阵

变量	关联系数	置信区间
年龄	–0.0673	0.995
客户保有期	0.055	0.98
购买商品数量	0.045	0.97
上次消费后的促销次数	–0.031	0.96
收入	–0.0045	0.5
家庭成员数量	0.001	0.2

在这个简化的例子中，报告显示：从统计学角度来看，年龄、客户保有期、购买产品数量、上次消费后的促销次数都与响应有较大关联。而家庭成员数量和收入则关联不大，因此在建模中属于无关变量。在这个例子中，分析师建立的是响应模型。关联分析的结果表明，任何在统计方面密切相关的变量都是数据挖掘解决方案关注的重点。很明显，数据挖掘解决方案会重点关注那些年轻、客户保有期长、曾经购买过几种产品但是近期却没有享受促销优惠的客户。关联分析可以帮助分析师对数据有一个基础的数学概念。这些数字能够为建立数据挖掘解决方案提供量化支持。

但是，在这个阶段中，现有的分析还远远不够。根据关联分析得出的观点，我们需要对变量进行更深入的解读。我们先假设某个变量，例如年龄，其关联系数为 0.3，而此时，其他变量的关联系数为 0.1 或者更低。根据关联系数的差别程度，我们可以从中得出结论：我们应当优先建立年龄变量的模型。卡方自动交互检测法（Chi-Square Activation Interaction Detection，CHAID）是一种用来建模的常用的决策树工具，关于这种方法的具体内容我们将会在稍后详细讨论。这种工具能够在决策树分支上定义变量断点，因此也能用来定义给定变量的最佳断点。我们上面所举的例子中，CHAID 能够找出最佳的年龄断点，我们可以用它们对客户进行细分，如图 12-1 所示。

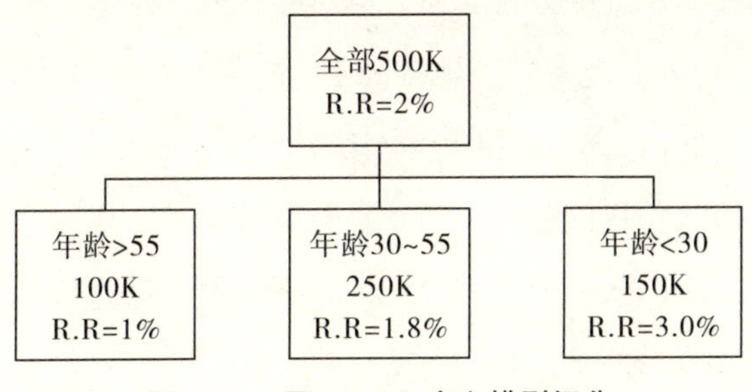

图 12-1　用 CHAID 定义模型细分

每个细分群体都需要建立不同的模型。但是如果没有关联分析首先得出需要建立年龄这个变量的模型的结论，我们就不会得出使用 CHAID 分析的结论。

在关联之外，也许有人会认为 CHAID 是另外一种派生新变量的工具。这是什么意思呢？正如之前所说的那样，有很多不同特征值的变量（其他情况下也称为数据粒度）在数据挖掘中没有实际用处。例如，建立一个成百上千种已出售商品的产品信息。在数据挖掘中，这就意味着需要建立上千个二进制变量（1 代表产品售出，0 代表产品未售出）。这些变量在数据挖掘实践中都没有任何意义。这些变量发生变化（此时 1 代表的是购买某种产品的客户）的数量较少，而且在数据挖掘中也无足轻重。我们来看看这究竟意味着什么。

分析师通常需要为每一个可能出现的结果建立二进制变量。如果现在有 200 种产品，我们就需要创建 200 个二进制变量，用 1 和 0 分别代表有和没有。假设该企业有 20 万名客户，我们利用上述信息计算产品消费额的平均值，我们预测有 0.5% 的客户，也就是有 1000 位客户购买了这 200 种产品中的某一种。而 0.5% 的数据值实在太小，根本无法用来判断出任何有意义的趋势或者模式。

但是，如果我们能够将某些特征值整合起来呢？假设某位零售商可以将其产品种类归纳为更加概括的类别。通过将这些产生购买行为的种类归纳起来，本质上来说我们就得到了更多的 1（在更大类别中产生的购买行为），或者说就某种购买行为产生了更大的聚积效应。

CHAID 能够帮助我们更好地将这些结果组合在一起。根据需要优化的行为，我们将结果组合为群组。在上面的例子中，这是指响应。图 12-2 展示了如何用 CHAID 分析产品种类。

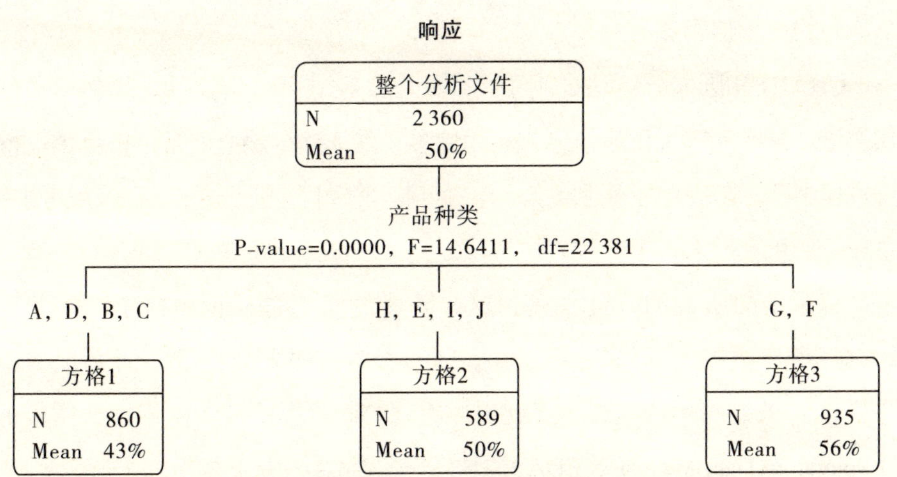

图 12-2　使用 CHAID 将产品编码按类别组合起来

为了简化，本例中我们仅使用了 10 个产品编码，用 10 个字母表示（A~J）。在本例中，在分析响应时，我们利用 CHAID 程序将产品编码组合成更广义的分类或者说组合。有了这些信息，这三个组合可以设置为二进制变量（0 和 1）。但是，更好的方式是根据三种结果创建产品指数变量：

- 1——代表 A、D、B、C 的产品种类；
- 2——代表 H、E、I、J 的产品种类；
- 3——代表 G、F 的产品种类。

这个顺序（1，2，3）是根据每个组里面的响应率平均值排列的。响应率最低组（方格 1：A，D，B，C）的分配值为 1，响应率相对较高组（方格 3：H，E，I，J）的分配值为 2，剩下一组响应率最高组（方格 2：G，F）的分配值为 3。

在本例中，更有意义的新变量是从字符变量产生的多种结果中衍生出来的。这一点在零售业较为明显，在这一领域通常需要观察某家企业成百上千个不同的产品编码。

CHAID 和因素分析法证明了，即使已经建立了分析文件，仍然可以创建变量。只要能够采用最佳方式利用信息，就能继续建立变量。根据数据挖掘过程中第三阶段中了解到的知识，我们能够轻松地在分析文件中添加新信息和新变量。那么，下一步应该做什么？

有了上面所说的统计程序，这个阶段的发现过程也包括了一些帮助数据挖掘者更方便理解解决方案信息的程序。如果数据挖掘者必须将结果告诉商务终端用户，这一点就更加重要。此类程序称为探索性数据分析（Exploratory Data Analysis，EDA）报告。表 12-6 中就是此类报告的一个例子。

表 12-6　探索性数据分析报告中的客户期、年龄以及家庭成员数量

客户保有期	客户占比	响应率	响应指数
0~1	25.0%	2.0%	57
2~4	25.0%	3.0%	86
5~7	25.0%	4.0%	114
7+	25.0%	5.0%	143
平均	100.0%	3.5%	100
年龄			
25 岁以下	25.0%	6.0%	171
25~35	25.0%	4.5%	128
36~50	25.0%	2.5%	71
50 岁以上	25.0%	1.0%	28
平均	100.0%	3.5%	100
家庭成员数量			
1	25.0%	4.0%	114
2	25.0%	3.0%	86
3	25.0%	4.0%	114

（续表）

家庭成员数量			
4 个以上	25.0%	3.0%	86
平均值	100.0%	3.5%	100

在第一个例子中，我们尝试建立一个响应模型，客户保有期变量与响应之间成正相关关系。换言之，客户保有期越长，客户响应的可能性就越高。另一个探索性数据分析报告的例子如表 12-6 所示。

在第二个例子中，年长的人响应率更低，这说明响应和年龄之间成负相关关系。我们再来看看表 12-6 中的第三个例子。在本例中，报告显示家庭成员数量与响应无关。

通过此处使用的几个诊断工具建立模型，例如关联分析、因子分析、CHAID 以及 EDA 报告，我们已经可以在分析过程中使用更加稳健的统计程序，从而创建出最终的模型。分析师现在已经充分理解了应用在统计技术中的信息。他们还必须理解的是既定模型所需的信息。仅仅将数据和信息堆砌在建模工具中将会埋下隐患。我们可以利用许多技术深入理解有可能输入模型的信息。分析师可以运用很多数学技术。在营销中，传统的技术（例如逻辑回归和线性回归）在大多数情况下都可以奏效。一些其他的尖端技术，例如神经网络和遗传算法，也是不错的选择。使用这些技术的难点在于，它们本身十分复杂，难以理解，尤其是它们得出的结果。不过，与传统方法相比，这些方法有时可以得出更加优越的结果（优化结果），因此应当适当选用。从数据挖掘的经验来看，并不是所有的先进技术都比传统技术更加优越。这是因为先进的技术往往需要提供海量数据，并且数据不能过于杂乱，未解释变异的比例也不能太高。这一点在任何商业应用中都十分重要，例如在制造业中控制质量水平时，数据就比较规律，也不存在过多未解释变异。这也就意味着大多数数据都是有理有据的。最后，高级数学方法能在那些规律数据的基础上得出最佳解决方案。

然而，这正是学术界和实践者争论的焦点。在营销中，无法解释的随机变异占多数是常态。如果回避这些变异，也许在开发解决方案的时候得出的结果很理想，但是真正应用在业务中，这些方案并不能真正发挥效用。数据挖掘中的特殊情形往往被指责过于重视结果。因此这些技术必须谨慎应用，并且使用有效样本也更加必要。否则的话，在营销活动中得出的结果永远都会逊色于解决方案中的预期结果。

传统技术的复杂程度不高，并且不会夸大结果。这一点在建立起最终的模型时显而易见，通常情况下，F 值与 R^2 值都比较低。根据当前的数据环境，如果 R^2 值为 0.05，那么这时数据挖掘者往往就已经得到了最佳模型。然而成功与否并不取决于统计方案，而是取决于增益图或等分图，这个我们将在后面讨论。

使用传统技术会得到什么样的结果，这些结果又如何传递给终端用户呢？用户需要针对分析文件进行逻辑回归或者线性回归分析，也就是说，用户定义目标函数（或者待优化行为）和自变量，因为自变量能够在模型中预测所观察的行为。对数据进行一系列回归分析，而每一个回归方程式代表所有变量组合的结果。我们的目标是通过回归程序减少变量数量，从而得到一个只有 10~15 个最佳变量的回归方程，然后得出最终模型。

在通常情况下，在开发出最终解决方案之前，都会进行 5~10 次这类回归分析。回归分析的次数主要取决于我们从关联分析、CHAID 和 EDA 中得出的信息。首先用于筛选变量的是关联分析，分析师以统计显著性达 95% 为界限，筛选出那些能够用于开发最终模型或者解决方案中的变量。

这组关联分析中得出的具有统计显著性的变量，与其他从 CHAID 和 EDA 报告中得出的结论，可以用来判断哪些变量适合放在回归程序中（迭代）。但是，分析师仍然需要找到一种将这些变量归类的方法。通过关联分析，分析师可以根据每个变量的相对统计强度将它们分组（迭代）。分析时，分析师根据关联分析结果，按照置信区间取舍变量，因此这种方法具有科学性。而决定分组数量（迭代）的方法就比较主观。例如，每一组变量的数量就是由分析师决定的。这里有一条黄金法则：每个变量组中的变量数量不应超过 15 个。如果将所有的关联分析以及 EDA 报告中的变量（例如 70 个变量，这在现实中一般不可能）都分在一组内，因为只运行了一个程序，信息就会丢失。把 70 个变量全部放在一个程序内，一些影响力比较弱的变量就会因为与较强变量具有多重共线性而被剔除出模型。相应的，分析时也可以根据变量的影响力分组。初始阶段中，我们会在某个组内分析相对强势的变量（关联系数值）。这会减少弱势变量被剔除所带来的影响，至少在基础的回归分析阶段是这样。

关联分析、EDA 和 CHAID 的结果表明，初步分析中剩余的 40 个相关变量应当分为 4 组。我们还可以运用一些技术删减掉那些需要修正的变量，这样，我们提取出的变量就是一些相互独立的唯一变量。在上面的例子中（见图 12-3），如果将 40 个变量全部代入到同一个回归方程式中，很可能 D 组中的全部变量都将被剔除出最终模型。他们被剔除的原因是 A 组变量的影响力过强。通过演算一系列回归方程（即每一组变量对应一个回归方程），每组中的变量会由于相互之间的作用，以及它们对目标函数或者自变量的影响而自动减少数量。

在图 12-3 所示的例子中，第一个回归方程作用于影响力最弱的变量组

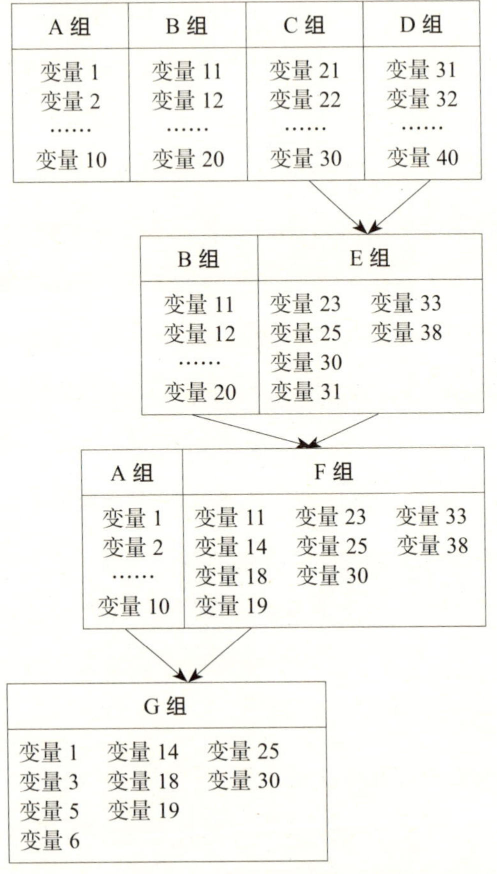

图 12-3 逐步交互确定最终模型变量示例

（C 组和 D 组）。C 组和 D 组中筛选出来的变量组成 E 组，然后与 B 组变量进行回归分析。最后得到 F 组，继续与最强组（A 组）进行回归分析，然后得出应用在最终模型中的变量组 G 组。此时，首先分析最弱的变量组，筛选出较强的变量，让它们与最强组的变量共同作用，然后再看最终结果如何。

使用这种方法，D 组中的原始变量最有可能应用在最终模型中。因为大多数变量都是被多重共线性筛掉的，尤其是那些影响力较强的组（A 组和 B 组）中，因此这些强组中筛选出的与弱组对抗的变量就比较少。有些时候，弱组中的某些变量（变量 25 和变量 30）能够提供一些影响整体解决方案的信息，并且与其他模型变量（低多重共线性）之间具有特殊相关性。

经过一系列回归分析之后，才会产生最终的模型。但是这些信息怎样传递给商业终端用户呢？这里用来开发解决方案的方法是一种参数方法。为什么必须了解参数方法与非参数方法之间的区别呢？因为参数方法意味着每一个变量都有相应的权重或者系数，这个系数由模型中预测的行为以及该变量与其他模型变量（多重共线性）之间的相互作用共同决定。而在非参数方法中，变量则不具备这种性质。变量在组合出解决方案时并不受多重共线性的影响。这也就是说，变量不需要系数。在实践中，非参数解决方案代表的是一系列商业法则。这类方案的最佳代表就是 CHAID，用这种方法得出的结果就是根据一系列商业法则得出的最佳分类。

此外，参数解决方案是由权重等式构成的，例如：

响应 =0.008+0.015 × 收入 –0.01 × 年龄。

年龄和收入是参数，但是因为每个参数都有权重系数（收入的权重系数为 0.015，年龄的权重系数为 –0.01）。因此这个方案是参数解决方案。实际的权重或者系数都是根据变量对目标函数的影响力，与其他变量（多重共线性）的交互作用，以及变量的量级或者范围决定的。具体来说，年龄和收入可能具有完全不同的系数值，在响应模型中，年龄的值为 0~100，它比收入的系数要大，因为收入值的范围一般为 0~100 万美元。但是，系数也会根据变量绝对值的影响力大小而随之改变，绝对值越大，则影响力越大。此外，多重共线性越强，变量的系数或参数就越小。

得出等式之后，商业用户或者管理者面对的又是什么呢？等式本身对那些更注重技术或者高级数据挖掘用户来说就有吸引力。但是对那些主要兴趣在模型上的人来说，沟通的重点仍然在于业务本身。这种面向业务的沟通必须重视两个方面：

- 描述解决方案；
- 对业务的影响力。

表 12-7　最终模型变量报告示例

模型变量	对响应的影响力	对等式的贡献值
行为得分	正	35%
平均消费	正	25%
购买了 RRSP 产品	负	15%
金融机构产品的数量	正	10%
信用卡限额平均占比	正	10%
是否为女性	负	5%

表 12-7 展示了有 6 个变量或者参数的模型，并且按照优先程度或者重要性进行了排列。我们看看“对等式的贡献值”一列。其中第一个变量（行为得分）占 35%，第 6 个变量（是否为女性）占 5%。“对响应的影响力”一列表示的是变量与响应之间的关系或者趋势。例如，最重要的变量（行为得分）对等式有 35% 的贡献值，这证明了行为得分越高的人越有可能响应。与此相反，第三个强势变量（对等式拥有 15% 的贡献值）则表明，那些购买了 RRSP 产品的人响应的可能性比较低。

有了这种信息，解决方案的一般特征就可以用商业术语来描述了。例如，表 12-7 反映出来的信息就表明响应者具备下列特征：

- 行为得分高；

- 消费水平高；
- 没有购买 RRSP 产品；
- 购买了许多金融产品。

现在，同样的方法也可以应用在其他战略中。成功应用不同统计技术的关键在于准确提取能够提供商业洞见的相关信息。在回归分析及建模过程中，重要的是理解模型的关键特征以及它们与目标函数之间的关系。分组解决方案的分析结果能够帮助商业用户理解特定分组的关键特征，因素分析能够汇总数据，得出更有意义同时也更精练的变量组供分析师研究。

数据挖掘的主要用途是跟踪有意义的商业趋势和大众趋势，然后根据这些趋势激发商业创造力。统计技术让数据挖掘师能够将科学方法应用在数据上，从而降低分析中的主观性，但是尽管如此，在整体的解决方案中，主观性还是不可避免的。事实上，在大多数情况下，主观性还是扮演着举足轻重的角色，因为它们是建立在各个关键的利益相关者在商业领域的经验和专业性基础之上的。在通常情况下，科学方法能够证实专业领域的知识。

Data Mining
For Managers

How to Use Data to Solve Business Challenges

第 13 章

增益图

许多解决方案都是在数据挖掘过程中得到的。正如前文所述，这些解决方案既可以是统计解决方案，也可以是非统计解决方案。怎样评估某个解决方案的影响力？怎样用管理者可以理解的方式评估其影响力？答案就是增益表，如表 13-1 所示。

表 13-1　增益表示例

验证样本占比	验证名称	累计响应率	响应者累计占比	响应率提升	投资回报率	建模回报（美元）
0%~10%	20 000	3.50%	23%	233	145%	26 667
11%~20%	40 000	3.00%	40%	200	75%	40 000
21%~30%	60 000	2.75%	55%	183	58%	50 000
31%~40%	80 000	2.50%	67%	167	22%	53 333
41%~50%	100 000	2.25%	75%	150	-13%	50 000
…	…	…	…	…	…	…
91%~100%	200 000	1.50%	100%	100	-58%	0

增益表的工作方式非常简单。如果解决方案建立在一些既定的观察结果之上（例如客户记录），那么解决方案就作用在这些观察结果上。然后将这些观察结果根据解决方案分组排序，通常是进行 10 等分（10% 的间隔），或者 20 等分（5% 的间隔）。排名最高的组就代表解决方案中最优先的组，相应的，排名最低的组优先程度最低。这些间隔决定了数据挖掘项目中的观察标准或者实际的报告标准。例如，表 13-1 列出了每个间隔（例如 10%）的累计平均响应率。下一列显示了整个样本中所有响应者在该间隔内的比例。其他列包括累计响应率指数，其中包括每个间隔中的累计响应率与整个样本平均响应率的比率。除此之外，如果有每次促销的成本数据和每次销售的收入数据，那么还应该列出投资回报率。最后一列表示的是机会成本，它代表

了应用数据挖掘解决方案节省下来的费用。我们以第一行（0%~10%）为例看看是如何计算的。确定完第一行中实现的响应数量（700=0.035 × 20 000）之后，接下来我们希望得出新增营销支出，这个数额是在不建模的情况下达到同样响应数量所需要花费的金额。我们假设促销成本为 1 美元，表 13-2 展示了计算金额的过程。

表 13-2　计算增益图中 0%~10% 这行的建模回报

	响应者数量	促销成本（美元）
建模	700	20 000
不建模	700	46 667
建模回报	—	26 667

请注意，46 667 美元是这样计算得到的：用响应者的数量除以人口整体响应率（700 ÷ 0.015），然后乘以 1 美元。

利用增益图评估某个模型或者解决方案时，分析师的主要工作就是观察既定解决方案如何才能正确排序，实现既定目标。在响应模型中，响应率需要在每个等分中实现最佳排序。另一种观察增益表的方法是将每个等分标记在 x 轴上，将响应率标记在 y 轴上，如图 13-1 所示。

这种曲线通常称为劳伦兹曲线，它是连接图中每个直方图的中点而成的，直线越陡，得到的解决方案就越完美。如果是一条水平线，则代表数据挖掘完全无效。

数据挖掘师评估解决方案的另一种常见方法是，将预期解决方案的累计百分比标记在 y 轴上，将间隔按照 1 代表最优，10 代表最差的顺序标记在 x 轴上。以响应模型为例，图 13-2 表示的是抛物线弧度越大，解决方案越完美，而上升趋势的直线则代表解决方案无效。

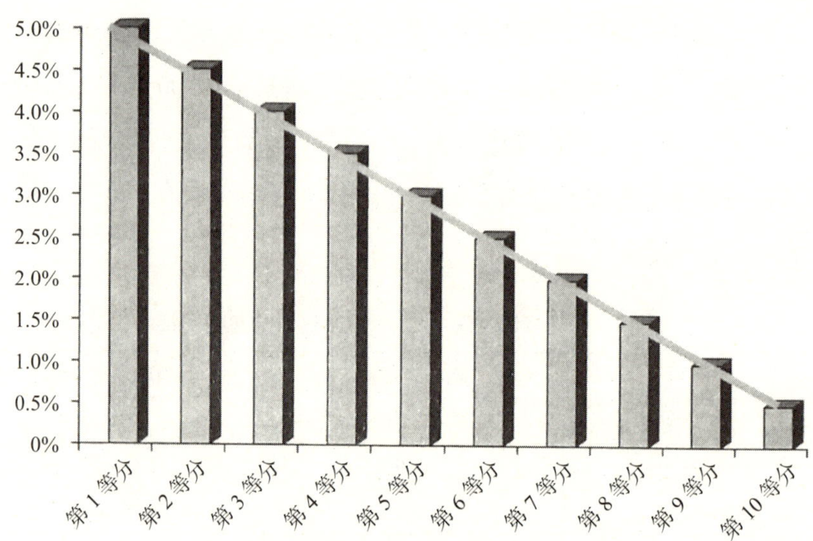

图 13-1 用响应率与模型等分建立的劳伦兹曲线

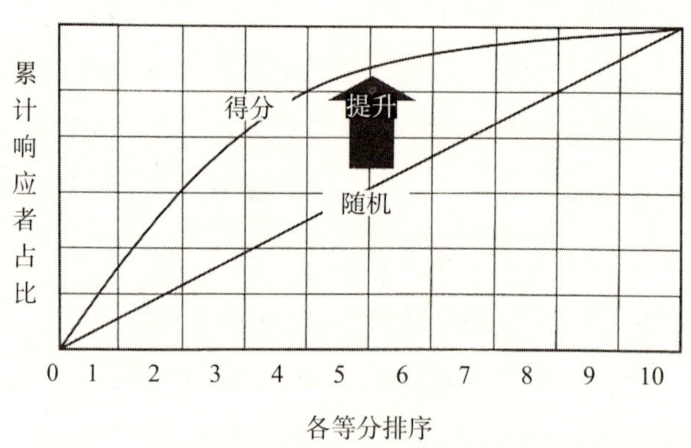

图 13-2 增益图（根据响应者累计占比与模型等分）

数据挖掘师通常会利用增益图，将直线与抛物线之间的距离作为衡量数据挖掘有效程度的值。

在评估模型时，许多机构会将观察标准与预测标准之间的准确程度考虑在内。在响应率模型中，一些统计学家会将预测响应率与实际响应率之间的方差视为关注的重点。尽管预测结果与观察结果之间的方差越小，模型越完美，但这并不是判断模型优劣的首要标准。将观察行为排序，也就是本例中的响应率，才是关键的评判标准。通常情况下，一个解决方案会利用多种统计技术。例如，某个解决方案会同时利用逻辑回归分析以及线性回归分析法。类似响应这样的二进制变量，学术界往往认为应当使用逻辑回归分析。但是如果对行为排序是最需要的解决方案，那么逻辑回归分析与线性回归分析也同样有效。如果二进制解决方案的预测结果是某个复杂模型的一部分，那么就需要进行逻辑回归分析。

如果需要排序结果，那么即便方法不够稳健（例如 CHAID），同样也能提供解决方案。CHAID 的实际结果代表着一组可以根据观察行为排序的客户。这种方法比起线性回归或者逻辑回归来说稳健性较差，这类方法中的每个分数都代表了一条客户记录。然而，在比较这些方法的时候，在有些情况下，即使方法稳健性较差（例如 CHAID），也同样能够实现为目标行为排序的目的。

在开发解决方案时，如果要比较几种不同统计方法的效果，统计指标可以作为关键标准。这些统计结果对统计学家和数学家来说极其重要，但是对于商业执行的作用仍然未可知。商业管理者和执行者需要比较实用的评判标准。正如上面的增益表，诸如获得客户单位成本、订单单位成本、维持客户单位成本以及最终成本回报率之类的指标只是部分关键指标。只要制作好增益表或等分表，这些指标只需简单的电子表格即可计算得出。

将有意义的商业结果传递给商业利益相关者，难点在于如何使用有效行为的历史信息。在理想的情形下，历史活动可以作为我们建立模型的有效样本，或者开发样本。也就是说，之前的活动或者商业活动已经执行，并且我们能够通过活动判断出响应者和非响应者。在理想状况下，这个活动是在随机样本中进行的，也就是说并不是根据某些固定标准，而是随机针对客户进行促销。随机的有效样本对任何建模实践来说都非常关键。如果样本是随机样本，那么得出的结果就适用于所有人。相反，如果有效样本中的人群全部都在 30 岁以下，那么样本得出的结果就只适用于某一细分人群。

评估解决方案

在比较不同的技术、方法或者模型时，关键是在同一有效样本上进行，然后再比较结果。如果某种方法、技术或者模型能得出更优越的解决方案，那么趋势线或者劳伦兹曲线就会更加陡峭。

在图 13-3 所示的例子中，最陡的线代表模型 3，这也意味着模型 3 是最佳解决方案。由于排序是我们评判的主要标准，模型 3 就是我们的最佳解决方案。

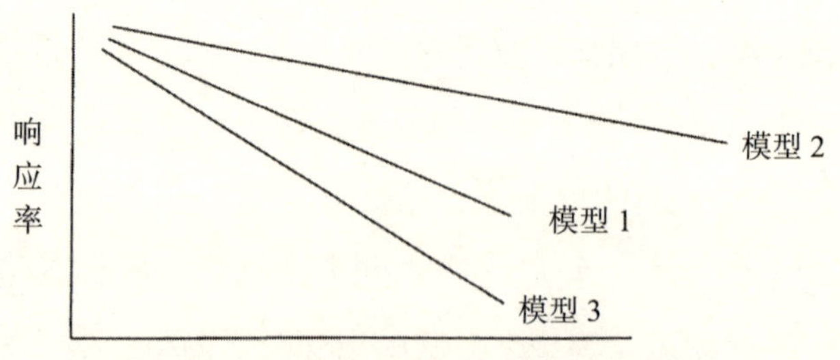

图 13-3　用劳伦兹曲线决定最佳解决方案

随着数据挖掘的不断发展，用统一理论评判数据挖掘技术已经变得越来越重要。顶尖实践者和学术专家会继续挑战极限，改进解决方案、软件和方法，以获得最佳的商业解决方案。但是，数据挖掘中涉及的业务执行者必须有一个确切的评判新技术的方法。例如，现在的企业淹没在各种声称能够提供最佳解决方案的新技术和软件中。这些数据集通常指的都是研发数据集。根据这些数据集得出的模型和解决方案已经应用在有效样本中，以评估预期效果水平。将新技术或软件应用在这些数据集中，可以确认新技术创造的新价值。

在评估新数据源时也经常采用同样的方法。在这种情况下，分析文件需要根据新增数据重新建立。同样的，增加数据前后的解决方案可以根据增加效果进行比较。效果的提升会以更加陡峭的劳伦兹曲线表现出来，我们可以根据获取新数据是否在经济上可行，评估是否要获得这种提升。

使用不同的方法、技术和新数据源得到最佳数据挖掘方案，这一过程应当建立在评判标准的基础上。进行标准评估时，使用增益图或者等分图是一个上佳的选择。有了这种标准评估，数据挖掘师就能得出更加有用的洞见，进而帮助数据挖掘行业进一步发展。

第 14 章

用 RFM 定位目标

并不是所有的数据挖掘解决方案都需要统计分析工具。尽管我们大部分时间都在讨论建立预测模型，但是运用一些简单的方法同样可以达到相同的目的。最好的例子就是 RFE（时间、频率和货币价值）指数法。该指数代表了为某个商业活动定位目标客户的非统计方法。此时，分析师需要使用下列三种关键信息：

- 上次消费至今的时间；
- 去年的消费次数（频率）；
- 平均消费价值（货币价值）。

我们来看看表 14-1 所示的例子。

表 14-1　时间、频率和货币价值指数示例

	距上次购物有几个月	去年购物次数	购物平均价值
客户 A	3	4	150
客户数据库	6	3	100
指数	2	1.33	1.5

在本例中，各个指数都计算出了时间、频率以及平均消费价值。用某位客户的特定值除以整个数据库的平均值即可得到三个指数。1 代表平均值，高于 1 就代表在平均水平之上，低于 1 则代表在平均水平之下。时间这一栏则相反，因为值越低越好。各指数的计算公式如下。

- 时间：6 ÷ 3 = 2。
- 频率：4 ÷ 3 = 1.33。
- 平均消费价值：150 ÷ 100 = 1.5。

那么，客户 A 的真正 RFM 指数就是（2+1.33+1.5）÷ 3 = 1.61。我们假

设每个行为（时间、频率和货币价值）的权重系数都相等。

另一种方法是根据行为将客户分为 5 等分，如表 14-2 所示。

表 14-2　RFM 指数示例

	时间	频率	货币价值	RFM 指数
客户 A	5	5	5	15
客户 B	4	5	3	12
客户 C	5	4	3	12
客户 D	1	2	2	5
客户 E	2	1	2	5
客户 F	1	1	1	3

在这个例子中，5 代表最佳行为，而 1 代表最差行为。运用这种方法时，我们只需将所有值加总，所得的数值越高，整体行为就越好。在表 14-2 中，客户 A 是最佳客户，因为其 RFM 指数为 15；客户 F 是最差客户，因为 RFM 指数只有 3。需要再次强调，我们假设所有行为指标的权重系数均相等。在这个例子中，客户 B 和客户 C 的 RFM 指数相等，均为 12，他们属于较优质的客户。而客户 D 和客户 E 的指数均为 5，是相对较优质客户。运用这种方法时会有很多客户的行为值的总和相等。

有了 RFM 指数，我们就可以在等分报告中将客户分为几组，其中第 1 组代表最佳的 RFM 组，而第 10 组代表最差的 RFM 组。

在表 14-3 所示的例子中，客户可以根据不同的商业活动挑选出来。

表 14-3　使用 RFM 法筛选客户示例

客户占比	区间内平均 RFM 指数	客户数量
0%~10%	3	10 000
11%~20%	2.5	10 000

（续表）

客户占比	区间内平均 RFM 指数	客户数量
21%~30%	2	10 000
31%~40%	1.75	10 000
…		
91%~100%	0.3	10 000

RFM 法并不复杂，并且非常实用。它可以根据比较重要的历史行为筛选记录。但是 RFM 法也有其局限性：所有的考量均基于过去的行为。这并没有什么问题，因为过去的行为也可能在未来发生。但在当今时代，我们需要主动抢占客户，因为商业实践中需要根据未来可能发生的行为作决策。使用 RFM 变量以及其他将过去行为与未来行为挂钩的变量，能够让企业在决策时占据主动。RFM 法将永远都是一个临时应急的方法，但在优化解决方案时，预测分析和预测模型将是优先的选项。

第 15 章

使用多元分析技术

在建立预测模型时，最常用的技术是线性回归分析与逻辑回归分析。在线性回归分析预测结果中的统计数据是连续值，而逻辑回归分析预测结果是类别值。逻辑程序通常用来预测“是或否”类型的行为，例如响应、流失或者信用缺失。预测结果也可以是一系列规则，例如 CHAID，而不仅仅是一个得分，得分往往正是逻辑回归分析或者线性回归分析的预测结果。

逻辑回归分析与线性回归分析已经有数十年的历史。然而，在过去的 10~15 年间，这些技术渐渐才成为企业改进定位目标客户效果的常用手段。正如之前所说，这些技术近年来已经成为许多企业定位高价值客户的常用手段。

所有统计技术的根本目标都是将解释变异最大化，而将未解释变异最小化。例如，下面是一个预测响应的等式。

响应 = 0.48+0.3 × **女性** +0.15 × **家庭成员数量** −0.0004 × **收入** +0.07 × **受教育年限**

现在，我们暂且不管这个等式是线性的，且能够预测概率函数。学术界认为，如果我们希望预测响应，这个等式就应当转化为逻辑函数。但是我们在前面的章节中讨论过，开发商业解决方案的首要任务就是优化解决方案的排序能力，或者基于目标行为区分记录的能力。在大多数情况下，准确评估解决方案是一个不太重要的第二优先级任务。但是，现在我们可以假设这个线性函数能够准确估计响应行为。

在上面的等式中，有 4 个变量可以告诉我们以下几点：

- 女性的响应程度较高；
- 家庭成员人数较多的人响应程度高；
- 收入较高的人响应程度低；

• 受教育程度高的人响应程度高。

建立等式使方差最大化，这些变量值的方差能够充分解释响应率取值之间的不同。这与我们讨论关联分析时的逻辑相似。图 15-1 是年龄与消费之间的关系示意图。

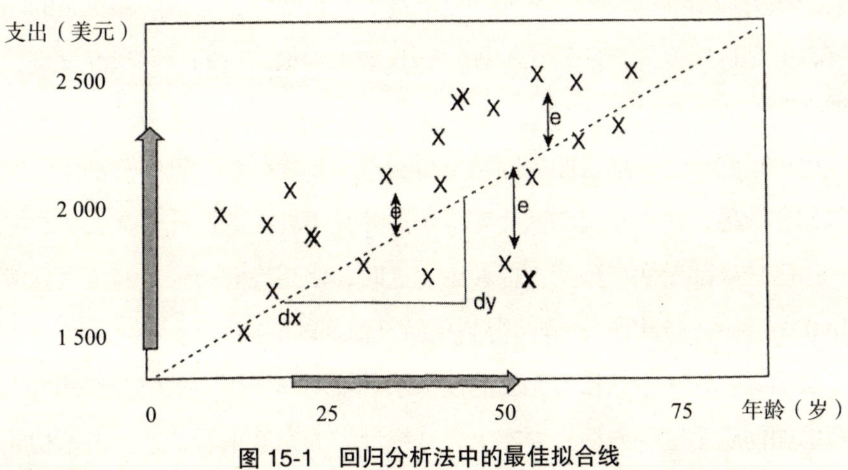

图 15-1　回归分析法中的最佳拟合线

图中的线就代表我们从等式中得出的预测结果。这些点（X）代表的是观察结果。在建立解决方案时，我们的目标是将观察点与线之间的距离最小化（预测结果用一个字母表示）。与此同时，结果反映出年龄与消费之间有相关趋势。趋势或者说这条线代表的就是解释变异。在这个例子中，如果消费是我们的目标行为，我们观察到年龄与消费是上涨趋势，这就说明：如果消费是目标行为，那么年龄（也就是年龄越大消费越多）能够很好地预测消费行为。这个所谓的趋势从本质上来说就是解释变异，在统计学中通常表示为 R^2。完美的解释变异或者说完美的等式得出的 R^2 值为 1。这说明观察到的响应方差能够完全用等式解释。在这种情形下，每一个观察点 X 都将在直线上。然而在现实中，尤其是在商业世界中，这种理想状况不太可能发生。事实上，未解释变异的程度往往非常高，也就是说建立稳健的解决方案非常难。通常情况下，大多数等式中 R^2 的值都不会超过 0.05。对大部分数据挖掘师来说，这意味着极大的挑战，因为实践中产生的高残余变异对数据挖掘的要求极高。

一些更加新兴的技术，例如神经网络与遗传算法，尝试解释真正的随机变异，但是这些变异仍然无法解释。新兴技术中很常见的一种状况就是"过度拟合"。

经过过度拟合，增益图中的结果得到进一步优化。一旦向营销团队提出这些预期效果，目标和预测就会变得紧迫并且不现实。此外，在大多数情况下，这些结果都无法与预期相提并论。这时，使用稳健性较差的工具，例如 CHAID 或者回归分析法，能够得到更易于管理的解决方案。

很明显，这并不意味着先进的技术永远都不能使用，相反，我们应当时常考虑如何应用这些方法。事实上，从统计学的角度来看，这些技术功能很强，它们可以用来监测欺诈，尤其是辨认图像和笔迹。在商业和营销中应用这类技术的关键是拥有有效样本或者保留样本。营销和预测客户行为的主要区别在于，大部分的方差数据究竟是随机的还是未解释的。使用有效样本的必要性在数据挖掘领域再重要不过，尤其是大量超出预期的随机方差出现时。

正如我们在建立分析文件时所知的，整个过程的最后一步就是将文件区分为发展样本与有效样本。解决方案永远都建立在发展样本之上。解决方案的效果应当用有效样本或者保留样本来衡量，也就是说，我们将解决方案应用在这组记录上。

尽管对于这是不是建立解决方案的正确方法仍然存在争议，但在实践中这并不是必需的，尤其是样本大小的约束条件比较少的时候。在建模时，如果数据较少，那么就意味着需要将发展样本与有效样本结合起来，从而得到充分的信息，以建立一个正确的模型。尽管没有有效样本就建立模型存在风险，但是如果使用稳健性较差的技术（例如 CHAID 和回归分析法），这种风险就会降低。从经验的角度来说，将解决方案应用在有效样本或者发展样本中时，应当观察结果中的细微差别，尤其是将恰当的规则应用在模型开发过程的情况下。如果模型及其变量从统计角度来说比较稳健，那么结果很可能也比较接近真实值。简单的技术只能从解释变异中得出结果，并且大多数情况下这部分错误都非常少。因此，诸如 CHAID 与回归分析之类的简单技术，足以开发出解决方案解释这小部分变异。但是，如果在验证结果时出现了与开发时相似的状况，可解释的错误就会加倍。有了更加稳健的技术，一些模型就能够解释真正的随机变异或者未解释变异。这种“解释未解释变异”在有效样本中是不会发生的，如果稳健而复杂的模型没有得到正确应用，那么发展样本与有效样本得出的结果就会出现极大的不同。根据我的经验，如果能够正确应用这些稳健的技术，同样能够得到用 CHAID 与回归分析法得出的结果。

在营销中，很少会出现大量变异均可以解释的情况。换言之，神经网络之类的技术和机器学习很少能够优越于传统的回归分析技术。但是少数可以解释的部分却会使结果大大提升。因为解决方案需要应用在上千上万的客户身上，这些样本模型能够在某种特定的客户行为上得到极大提升，并且最终带来成千上万美元的收入。

理解少数可解释的错误在营销数据库中是一种常态，就能够解释为什么线性回归分析或者逻辑回归分析能够预测二进制结果。从统计学家的角度来说，这属于异端邪说。但是对数据挖掘者来说，这只与能否起作用有关系。

二进制结果（例如客户流失、信用损失或者响应率）都是基本的“是或否”结果，例如：一个人是否会响应？某人是否会不偿还债务？是否会有人取消？

在数据库营销中，基本的统计数据就已经足够，无需选择更加复杂的方法。正如我们在整本书中不断强调的那样，建立一个强有力的解决方案的关键在于数据环境。这个数据环境必须足够可靠，能够灵活提供数据，并应用在更加有意义的领域。

由于结果是二进制的，这些模型应该能推导出一个概率函数。换言之，应当在 0 和 1 之间也产生一些结果。学术界可能认为用线性回归分析法预测二进制结果本身就是错误的，因为线性回归分析得出的值在负无穷到正无穷之间。但是从实践者的角度来看，真正重要的是与其他方法相比，这种解决方案能够提供更好的结果。我们之前说过，提升结果是实践者关注的重点。如果结果方案也能够准确预测响应率（也就是预测响应率与实际响应率之间的差异最小化）那就最好不过，但是这并不是必要条件。营销人员和分析师需要的是能够根据平均值将各组区分开来或者排序分组的解决方案，如表 15-1 所示。

表 15-1 预测值与观察值比较

	情形 1		情形 2	
	预测响应率	实际响应率	预测响应率	实际响应率
模型的前 10%	6%	10%	4%	4.50%
随机控制组	3%	5%	3%	3.50%

在本例中，情形 2 中的模型预测响应准确率较高。那么数据库营销人员会选择哪种解决方案呢？尽管在预测准确率方面，情形 1 明显不足，但是从

结果来看，它的实际提升比较大，因此是营销人员青睐的选择。与预测准确率相比，结果能够带来巨大提升的解决方案更有优越性。

既然提升是考虑的首要因素，那么就不需要运用数学方法（例如逻辑回归分析）计算出概率值。再一次强调，因为已释释变异数量很少，所以从提升的角度来看，线性回归分析产生的解决方案通常与逻辑回归分析产生的结果相似。

为什么在商业问题中应当考虑逻辑回归分析法？实际情况是，建立的模型都是整体解决方案的一部分，例如活动优化或者概率。这时，预测结果代表了概率估计值，是建立整体解决方案的一个标准。下面举个例子：

概率 =P（响应）×P（同意）× 消费 ×［1-P（取消）］。

在本例中，概率是由一个人响应的可能性以及同意购买的可能性决定的，该等式可以估算出申请者在一段时间之内的消费水平以及促销期间仍是客户的可能性。

将模型转化为概率函数并不难。一旦分析师在最终的线性回归分析中确定了关键变量，只要将这些变量放入软件包中的逻辑函数中就可以。事实上，在建立逻辑或者概率模型时，这也许是更好的选择，尤其是 CPU 和时间成问题的时候。用线性回归分析法更容易得出相关变量和统计变量。无论是线性回归分析还是逻辑回归分析，筛选和辨认变量的结果都是一样的。此外，逻辑回归分析对 CPU 的要求更高，我们在实践中更倾向于使用线性回归分析寻找变量。接下来，只要确认了模型变量，并把它们转化为逻辑概率函数，就完成了模型开发的最后一步。开发解决方案时，需要将几种模型整合在一起时，将线性回归分析与逻辑回归分析结合起来能够给分析师提供一种恰当的工具，从而用最少的周转时间得出最佳的解决方案。这就为分析师争取了时间，分析师可以将重心放在企业关心的解决方案的其他方面。

多重共线性的影响力

统计数据在优化决策过程中扮演着极其重要的角色。理解统计数据对商业目标的重要性是完成这个过程的关键。在要求营销人员建立一个目标分组或者客户名单，并且需要确认分组的关键特征时，统计数据就能派上用场。

例如，生成客户名单时，目标是得到最佳分组或者最佳客户名单。回归分析程序就能完美地完成这一目标。使用这种程序能够确认一些特征，这些特征能够预测出最佳结果。这些技术的真正优势在于，它们同时也会考虑多重共线性。什么是多重共线性？一个极佳的范例就是“高等教育能够带来高收入”这种概念。在分析实践中，例如分析响应或者客户流失时，年龄和收入的高多重共线性将导致其在响应和流失方面呈现出相同的趋势。另一个例子是，我们也许发现了性别和客户保有期之间没有任何关联。在对响应或者客户流失进行任何分析之前，我们都不能事先假设这两个变量与响应或者流失有相同的关系。

用数学术语来说，多重共线性代表了自变量之间互动的水平或者数量。这也就是说，最终变量的权重或者系数反映了多个变量之间的互动，与此同时也从统计角度表明了整体等式的重要性。通过回归分析技术，许多变量会因为与最终模型变量的多重共线性而被剔除，但是它们作为单变量依然像在回归分析程序中那样是重要的统计数据。这种处理对优化预测结果来说非常关键。关键结果是一个分数，该分数是生成客户分组或名单时的关键衡量标准。

在尝试确认某个分组的关键特征时，使用回归分析程序中的特征或者变量并不是最佳选择。例如，表 15-2 是优化响应率的示例。两种变量作为单变量，对响应率来说都是重要的统计数据（也就是说，与响应率相比，这两种变量均不受多重共线性的影响）。

表 15-2 受教育年限和收入与响应的关联结果

	受教育年限	收入
关联系数	0.11	0.12
置信区间	99.0%	99.5%

这里的回归等式仅仅包括收入这一个变量，即：响应 =0.50+0.00001 × 收入。

在这里，等式中仅仅保留了一个重要的统计变量（即收入）。收入与受教育年限的高多重共线性使教育这个变量被剔除。然而，在确认关键客户的响应行为时，营销人员需要了解两种变量，因为它们在为客户分组时都是关键的客户特征。

Data Mining For Managers

How to Use Data to Solve Business Challenges

第 16 章

跟踪与测量

数据挖掘并不仅仅是一门技术，也是一个循序渐进的过程，最终会开发出解决方案并将其应用在实践中。但是，与此同时，这个过程中还会产生新的洞见并且能够学习到对未来活动有用的信息。除了开发和应用解决方案，数据挖掘过程也包括一个持续不断的学习环境，它能够让我们不断改进业务水准。其中，追踪和测量能够帮助我们学到未来商业活动需要的知识和洞见。事实上，领先企业会投入大量资源和时间在这一领域中。原因何在？因为测量和评估结果是帮助企业持续改善的重要过程的一部分。然而，将这些结果有效传递出去也具有同等的重要性，因为只有这样，信息和洞见才能传播给更多人。让更多人通过了解这些结果来提升能力也就意味着，大家都能重点关注建立新的解决方案而不是依靠少数现有的解决方案。

我们看看测量与评估在数据挖掘过程中的作用。第一阶段（确认商业问题）解决的是收集和整理信息的问题，这些信息能够帮助数据挖掘师找出关键问题和挑战。通过近期的商业活动测量和评估结果，数据挖掘师能够将最新的信息整理在一起，从而发现在学习过程中不断出现的关键问题和挑战。

测量投资回报率：从数据开始

要想有效测量投资回报率，最关键的就是了解需要测量商业活动中的哪些因素。在营销活动中，得出测量报告却并没有得出所需测量结果的事情屡见不鲜。要想避免或者减少此类状况，我们就需要掌握满足利益相关者参与需求的方法。

第 16 章

跟踪与测量

发现测量目标与利益相关者的需求之后，下一步就是解决如何在当前数据环境中进行测量和追踪的问题。这个问题要求我们仔细观察数据，并确认当前数据环境能否实现测量目标。

例如，我们怎样为商业活动或者营销活动建立一个恰当的测量矩阵？营销人员希望获得什么样的知识？他们如何评估一项商业活动？具体来说，如果我们在某项活动中使用了某种工具，结果肯定是在工具的效果中体现的。但是，所得知识的数量和复杂程度会对测量和跟踪系统产生影响。例如，最简单的跟踪就是确定某项活动的效果。这项活动可以是一个项目、一个活动、一种提议、一种交流方式或一种锁定目标的工具，等等。在这种情况下，跟踪的要求就非常简单，只需要建立两个组。第一组是控制组，没有开展活动；第二组是测试组，受到活动的影响。通过比较两组，我们就可以推测出某项活动的影响力。如果营销人员只想从活动中获得一项信息，那么就很简单。但是在实践中，营销人员往往希望获得尽可能多的信息。在建立测量矩阵时，复杂程度不是问题，关键在于成本。每一项活动都必须建立测试组。假设某位营销人员希望评估四种不同的供应品与一种控制组供应品，那么就需要建立五个组。

现在，假设营销人员希望评估四种不同的供应品以及四条不同的沟通信息。更重要的是，他们还希望了解这些供应品与沟通信息之间的关系，那么就必须建立 16 个组（4 种供应品 ×4 条沟通信息）；供应品 1 与沟通信息 A 均是控制组。表 16-1 展示了这个跟踪矩阵。

表 16-1　用于测量的营销矩阵示例

供应品类型	沟通信息			
	A（控制组）	B	C	D
1（控制组）	5 000	5 000	5 000	5 000

（续表）

供应品类型	沟通信息			
	A（控制组）	B	C	D
2	5 000	5 000	5 000	5 000
3	5 000	5 000	5 000	5 000
4	5 000	5 000	5 000	200 000

在任何一种跟踪场景下，总会有一个单元格成为营销团队的“决胜单元格”。营销人员会给这一单元格起很多名称，因为这一个单元格将会产生最大的投资回报。在这个例子中，决胜单元格就是4D，其他15个单元格基本上代表了向75 000人或者说每组5 000人进行促销的投资成本。这可以视为一项重要投资，因为促销总数量中有25%（75 000 ÷ 275 000 × 100%）都用来进行学习。若发出每条沟通信息都需要1美元，这就意味着投入7.5万美元进行学习。

假设营销人员希望将其他因素引入矩阵，例如地区（4组）以及目标（4组），上面例子中的跟踪矩阵就会变为256个单元格（4种供应品 ×4条沟通信息 ×4个地区 ×4个目标群组）。很明显，这样的矩阵很难处理。

这时，我们可以利用联合分析或者方差分析（ANOVA）之类的统计方法，将单元格数量缩减至便于管理的数量。这些技术非常有用，能够提供一个分析各因素之间互动关系的科学方法。假设联合分析或者ANOVA结果表明目标群组与地区及其他因素之间没有互动关系，那么矩阵就会变成如表16-2所示的样子。

表 16-2　用于测量的营销矩阵（更复杂）示例

供应品类型	沟通信息			
	A（控制组）	B	C	D
1（控制组）	X	X	X	X

（续表）

供应品类型	沟通信息			
	A（控制组）	B	C	D
2	X	X	X	X
3	X	X	X	X
4	X	X	X	X
地区				
海滨诸省	X			
魁北克	X			
安大略	X			
加拿大其他地区	X			
目标群组				
群组 1	X			
群组 2	X			
群组 3	X			
群组 4	X			

注：每个地区和目标群组都对应于供应品和沟通信息的控制组。

通过统计分析，单元格的数量从 256 缩减至 24。这是统计数据在数据库营销中的另一种作用。然而，在这种情形下，统计的目的不是创建定位目标群组工具，而是决定对于特定的营销活动来说哪些组需要测试。

数字营销使得营销人员能够研究各种各样的测试情况，因为创建不同的访问页面以及不同类型的邮件成本微不足道。然而，尽管建立复杂的测量情景既便捷又便宜，但是通过人力能够从这些测试信息中获得的有意义的信息很有限。使用 ANOVA 这种技术和能够减少测试因素数量的设计，才能加速营销分析，使其提高到一个新水平，帮助分析师在更短时间内得到更有意义的洞见。

设计测试矩阵时经常碰到的另一个问题是，每一个单元格的样本大小应该设置为多少。各种各样的因素都会影响样本大小，例如整体性能率、错误范围以及置信水平。真正的公式如下：

$$\frac{（置信水平）\times（置信水平）\times（性能率）\times（1-性能率）}{错误范围\times错误范围}。$$

我们举几个例子来解释这个公式的作用。例如，我们假设响应率为 1%（性能率）并且置信水平为 95%，转化为 Z 得分就是 1.96。这个结果从统计角度来说非常重要，如果最初数据是 0.25（错误范围），与平均值不同，那么要求的最小样本大小就是：

$$\frac{1.96\times1.96\times0.01\times0.99}{0.002\times0.002}=9\ 508。$$

如果允许错误范围变大至 0.4%，那么有人可能就会认为最小的样本会继续缩小。事实上，它确实缩小为 2 377。置信水平提高，样本就会增大。例如，如果我们将置信水平从 95% 提高至 99%，或者将 Z 得分从 1.96 提高至 2.58，样本就会从 9 508 增大至 16 475。与此同时，性能率为 50% 时通常总会产生最大的样本，因为其他任何性能率与“1- 性能率”相乘只会得到一个更小的分子。

这个公式可以应用在任何一个表格中。它的实用性很强，因为它能够根据不同的性能率估计值、错误范围以及置信水平，为营销人员提供一系列的样本大小。

我们假设营销人员希望通过优化商业目标来增大评估结果的粒度。这种情形专门应用在营销活动中的定位工具上。将控制单元格或者随机单元格设置好之后，将其与目标组比较，营销人员通过检查结果是否优于控制组，就能马上查出模型的有效性。但是这些步骤是否是最优化的呢？定位工具建立之后的表现还会像之前观察到的那么好吗？建好模型并进行应用之后，就需要进行比较。模型开发出来之后，要想检查模型的应用结果，营销人员就需要建立一个基准，以便对应用定位工具后的结果进行比较。

假设现在建立了一个响应模型，客户都划分成了 10 等分，其中第 1 等分代表得分最高，第 10 等分代表得分最低。这时，报告中标明了用于开发模型的有效样本观察响应率在每个等分中的值，并且可以画化成一条直线或者曲线。这条直线或曲线通常称为劳伦兹曲线。任何模型或者定位的目标都是使劳伦兹曲线的斜率最大。平滑的直线意味着彻底失败，而垂直的直线则代表完美。

只要将模型应用在当下活动中，就可以进行这样的操作，并且可以为当前活动画出一条劳伦兹曲线。将这条劳伦兹曲线与在开发模型过程中产生的劳伦兹曲线比较，如果两条曲线的斜率相同，那么模型就已经达到了完美的程度。如果活动曲线比模型曲线的斜率小，那么模型就有待优化。这种情况下的关键商业决策是由一个企业能否在现有模式下生存下去，或者是否必须开发新模型决定的。

下面的例子就解释了这个问题。图 16-1 就是两条劳伦兹曲线。第一条代表模型开发（验证）过程中的结果，第二条则代表建立模型之后应用在活动中的结果（活动）。

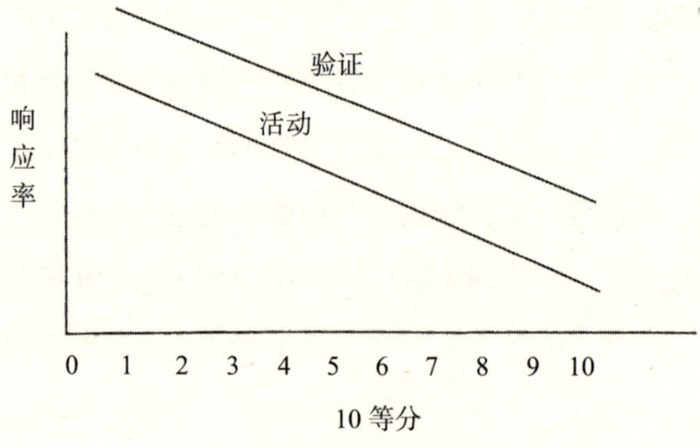

图 16-1　某项活动的模型评估示例

尽管整体的活动响应率比在建立模型时观察到的结果差很多，但是定位工具已经得到充分应用，因为它在开发模型（验证）过程中与实际应用（活动）中的排序能力几乎一样。因为两条直线的斜率一样，所以我们可以得出这样的结论：模型的性能已经达到最佳。在这个特殊的例子里，从粒度的角度评估模型的性能非常关键，因为第一个斜率也许就是活动效果差的真正原因。

图 16-2 是另一个评价模型在实际应用中性能的例子。我们可以观察到整体活动比在模型开发过程中的性能更好。在这个特殊例子中，第一个斜率将活动成功归功于模型，而事实上这与模型无关。尽管活动非常成功，但模型是失败的，因为它无法将响应率按照等分排序，因为活动结果是一条平滑的劳伦兹曲线。该活动的劳伦兹曲线几乎不存在斜率。这个例子中要作出的商业决策很简单，那就是重新建立一个模型。

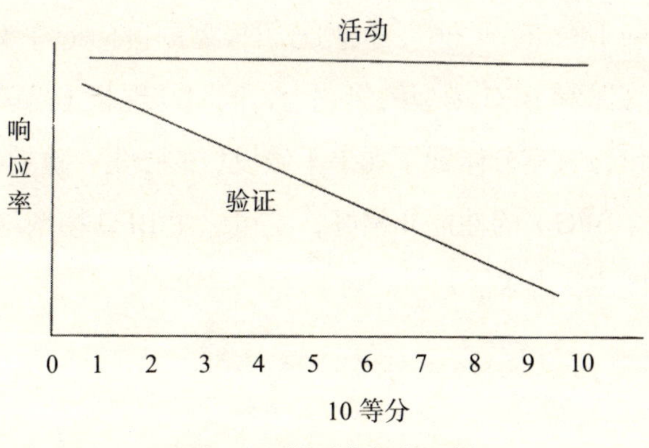

图 16-2 模型未起效示例

这些是在设计测量和跟踪系统时可以纳入考虑的几个例子。从战略角度开发任何测量和跟踪系统的关键都是建立优先项目和目标，并制订相应的计划。但是，如果实践者不能充分理解如何在现有的信息环境中利用数据，并且不能节约成本，那么制订出的计划很可能无助于实现目标。

另一种测量模型性能的方法就是利用常见的提升曲线，如图 16-3 所示。

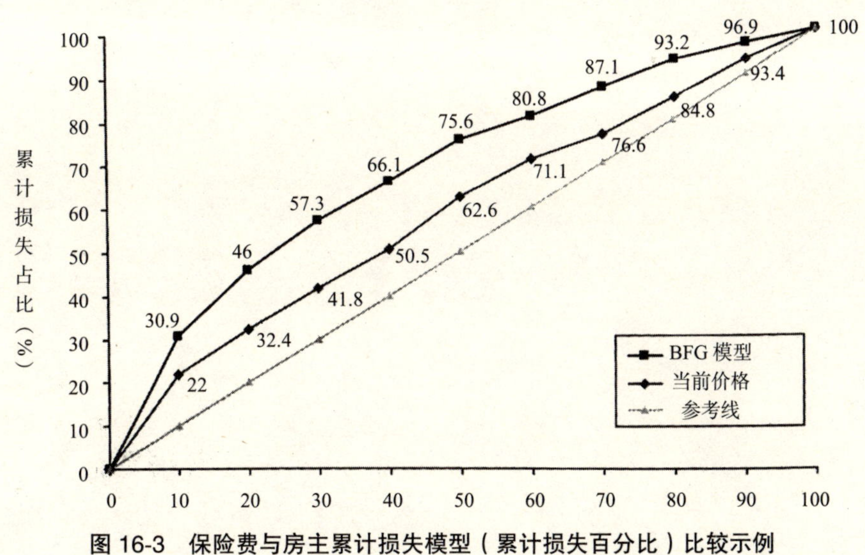

图 16-3 保险费与房主累计损失模型（累计损失百分比）比较示例

在如图 16-3 所示的例子中，预测分析模型的目标是有效锁定房主的损失，分析师正在跟踪 BFG 模型的影响力，同时与现状（当前价格）进行对比。目前的定价方式充分体现了如果不做投资的损失，也就是图中的直线。但是预测模型（BFG）的性能非常好，这可以由 BFG 模型与当前价格两条曲线之间的区域体现出来。

Data Mining For Managers

How to Use Data to Solve Business Challenges

第 17 章

应用与跟踪

完成解决方案之后，下一步就是将其应用在商业活动中。在某些情况下，这些活动与营销无关。例如，信用风险模型能够应用在运营中，这些模型的输出包括风险细分等级以及与其关联的用户。

在应用解决方案时，最重要的就是确保解决方案被正确应用。这就要求我们在检查数据质量时，每隔几行就做一次抽查，从而确保解决方案能够应用于全部记录。如果是第三方应用这个解决方案，那么这一步就尤为重要。解决方案开发者（数据挖掘师）与第三方将分别用自己的工具应用模型。解决方案的输出（模型变量平均值、模型得分等）应当 100% 整齐地排放在数据挖掘师以及第三方之间。

另外一个需要注意的地方就是确保建立解决方案时的信息环境与应用该方案的信息环境没有很大的区别。我们可以针对这个解决方案的关键元素建立频率分布，如表 17-1 所示。

表 17-1　应用结果验证示例

名单占比	最低得分（开发）	最低得分（应用）
0%~10%	0.08	0.04
11%~20%	0.07	0.03
21%~30%	0.06	0.02
31%~40%	0.05	0.02
41%~50%	0.04	0.004
…		

在这个例子中，建立模型时的得分范围与应用时的得分范围差别很大。如果应用了这个解决方案，却不了解得分之间的差异，必将导致失败。这时需要对数据库进行调查和分析，了解得分变化的原因。其中一种方法是比较

模型变量在两个不同时期的频率分布结果。

如果解决方案已经正确应用在当前的活动中，数据挖掘师就应当建立一个测试或者跟踪环境，以便评估这个解决方案对活动的影响力。

正如我们在之前章节中观察到的那样，设计营销矩阵的目的是实现效果最大化，知识获取程度最大化，从而利用这些知识在未来的商业活动中制定更好的决策。此时，关键知识包括测试模型的性能，以及沟通手段或者供应的有效性。正如我们在前面章节所说的，其中一个单元格代表的是“制胜单元格”，代表着模型被充分利用，发挥出了最大的影响力，或者模型因最佳供应或沟通手段获得了提升。应用模型是一个精细的过程。花费时间和精力确保解决方案的正确性以及在当前信息环境中的合理性是很重要的。此时，我们同样需要保证建立正确的测试和跟踪条件，以便评估其性能。

Data Mining
For Managers
How to Use Data to Solve Business Challenges

第 18 章

基于价值的市场细分以及 CHAID 的用法

测量和评估结果的过程同样可以用来制定整体细分市场战略。制定细分市场战略最常用的方法就是基于价值进行细分。这类实践中最关键也是最大的挑战在于找到价值构成部分的辨认标准和衡量标准。只要这些衡量标准得到确认，每一位客户的记录也就有了一定的价值。表 18-1 展示了等分报告得出的结果。

表 18-1 价值细分 10 等分报告

基于价值的客户占比排序	价值细分	平均价值	价值占比
0%~10%	高	2 400	24%
11%~20%	高	1 900	19%
21%~30%	中	1 300	13%
31%~40%	中	1 100	11%
41%~50%	中	1 000	10%
51%~60%	中	900	9%
61%~70%	低	600	6%
71%~80%	低	400	4%
81%~90%	低	300	3%
91%~100%	低	100	1%

在等分报告中，客户按照价值高低进行降序排列。这时必须判断价值细分的分割点，这种判断是建立在客户对整体价值的贡献比例基础之上的。在这个报告中，排名靠前的 20%（高价值组）对整个客户群体的贡献值为 43%。中价值组（20%~60%）的贡献值也为 43%，而最后 60%~100%（低价值组）的贡献值则仅有 14%。在这个例子中，客户群根据价值细分成了三个部分。这些部分可以进一步分为 5~10 组。分组的程度可以根据客户记录的数量以及数据的丰富程度确定。例如，某个有 50 000 条记录的客户群只需要分成三个部分，但是拥有 100 万条记录的客户群就可以分为 5~8 个部分。这个客户群究竟是分成 5 个部分还是 8 个部分，取决于人口统计数据以

及交易信息的丰富程度。数据的丰富程度决定了能否为每个基于价值的细分部分创建有意义的描述。换言之，这些描述与其他描述相比是否独特？细分部分的数量应当取决于能够产生多少有意义的描述。

进行细分的时候，另一个可以利用的因素就是行为。除了观察客户对企业的价值或贡献之外，客户近期行为的趋势也同样重要，因为这反映了客户行为的改变。这类信息能够帮助营销人员设计出相应程序，既考虑到客户对企业的价值，也能反映客户行为改变的触发点。根据行为作出细分就是对这些行为进行分析的一种方式。首要任务就是确定定义行为的恰当时间段。这个时间段通常能够反映普通客户的消费周期。换言之，一般客户会在 1 个月内、2 个月内、3 个月内，还是在几个月内进行消费呢？只要确定好了时间段，下一步分析就是在消费周期内定义出增长者、衰退者和稳定者。定义行为变化需要计算消费者在一个周期（前）以及随后一个周期（后）的购买行为的变化。假设消费周期的间隔为 6 个月，举个例子的话，这两个周期就应该分别是 2013 年 1 月至 6 月（前一个周期）和 2013 年 7 月至 12 月（后一个周期）。

找到前、后周期之后，分析师就需要观察整个客户数据库中购物比例是如何变化的。那些表现出强势消费增长的客户可划分为增长者，消费大幅下滑的可划分为衰退者，而那些消费水平维持在之前水平的可划分为稳定者。实际上，区分这些行为（增长者、衰退者和稳定者）的分隔点并没有那么明显，因为这个点是营销人员与数据挖掘者共同观察客户贡献得出来的。其他细分部分（流失者、不活跃者和活跃者）都是在未经分析的情况下直接列出来的。

- 流失者：在前一个周期有购买行为，但是后一个周期未产生购买行为的客户。

- 活跃者：前一个周期没有购买行为，但是后一个周期产生购买行为的客户。
- 不活跃者：在前后两个周期内均未产生购买行为的客户。

根据行为定义好所有的细分部分之后，我们就能用客户价值和行为创造出一个矩阵，如表 18-2 所示。这个矩阵能够帮助营销决策者根据价值和行为（价值 - 行为细分）挑选出相应的客户。

表 18-2 基于价值和行为的细分矩阵

价值	衰退者	流失者	增长者	不活跃者	活跃者	稳定者
高						
中						
低						

第二种类型的细分来自建立预测模型的实践或者项目中。通常情况下，我们不会在某一个营销项目中将所有的因素考虑在内。我们在前面的章节中说过，某些变量具有压倒性的影响力。从结果来看，我们应该首先确定细分部分，然后再建立模型进行细分。对关键变量进行关联分析和一个快速的逐步回归分析，就能找出具有压倒性影响力的变量。

在表 18-3 所示的例子中，关联分析和逐步回归分析的结果显示，客户保有期对目标函数（本例中是指响应）有压倒性的影响力。

表 18-3 利用关联分析与逐步回归找出细分变量

变量	关联系数	置信区间	对模型的贡献占比
客户保有期	0.5	99%	90%
总消费	0.2	99%	5%
收入	−0.19	995	3%
信用得分	0.18	995	2%

表 18-3 中的例子表明，在所有目标模型变量中，客户保有期的关联系数和对整体模型的贡献比例远远超过其他变量。之后我们可以利用 CHAID 找出客户保有期的实际范围。这些客户保有期范围就是细分部分，我们可以针对每个细分部分建立模型，如表 18-4 所示。

表 18-4　利用 CHAID 定义关键客户细分部分示例

	细分 1	细分 2	细分 3
响应率	2.5%	8%	4%
姓名数量	5 000	300 000	500 000
客户保有期	少于 1 年	1~3 年	3 年以上
模型	1	2	3

此处利用 CHAID 将客户保有期定义为关键细分变量，这得到了关联分析以及回归分析的支持，同时也为细分提供了新的见解。与分组分析不同，分组分析中的细分是按照同质性划分的，并且属于非监督式学习；而这种细分方式采用的是监督式学习方法，响应率实质上就是在监督创造细分的过程。

我们已经讨论过决策树工具的用法，这些工具能够支持我们讨论的大部分内容，它们对数据挖掘来说十分有用。首先，我们需要理解决策树。

大部分决策树工具都利用 CHAID 分析法或 CART（Classification and Regression Tree，分类和回归树）分析法。这两种工具都利用了统计学的基本概念，也就是说，它们的目的是解读与平均值差异很大的值的特点。这两种工具的主要不同点是 CHAID 的目标行为或者目标函数是二进制函数（0 或 1），例如响应，而 CART 的目标函数是连续的，例如消费和收入。

决策树工具的结果能形成树状图。图 18-1 就是决策树，它展示的是某家金融机构对 RRSP 邮件所做的分析。

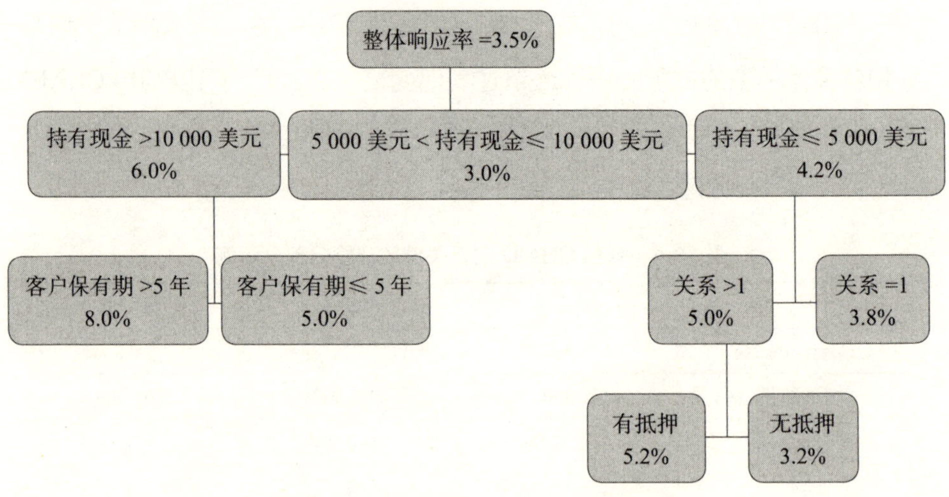

图 18-1　将 CHAID 作为定位工具的示例

在这个例子中，顶端节点或者分支代表了所有的样本。通过决策树工具，我们能够得出两个主要结果。第一，它能够找出与目标行为或者响应关系密切的特征或者变量，如本例所示。那些比较重要的变量用分支表示。第二，它能够得出每个变量或者分支的最佳断点。需要注意，本例中的分支和节点是通过 CHAID 程序得到的。

在如图 18-1 所示的例子中，目标是优化对 RRSP 邮件的响应，也就是说目标行为是二进制的（响应）。第一分支代表持有现金，它对于响应来说是最具统计显著性的数据。第一分支的节点是大于 1 万美元、5 千到 1 万美元之间以及小于或者等于 5 千美元。这些数值范围都是通过 CHAID 程序得到的。这些算法或者统计程序为使用者找到了断点或者分隔点。CHAID 分析法是一种交互式的程序，它能继续为每一个分支找出最重要的变量。在如图 18-1 所示的例子中，持有现金大于 1 万美元的分支表明，第二个重要的分隔点具有以下特征：客户保有期小于或等于 5 年和客户保有期超过 5 年。与此同时，持有现金在 5 千到 1 万美元之间的没有分隔点，因为根据 CHAID 分析，这个区域内没有其他的重要变量。然后接着分析最后一个分支。在本例中，这个节点表明，如果关系大于 1，那么就会产生一个分支，得出客户是否有抵押。根据用户设置的数据范围，到此决策树就完成了使命。

这种程序能够帮助用户灵活决策，选择拥有无尽分支的决策树还是只有几个节点的决策树都由用户自行决定。利用这些类“置信区间”，例如 SPSS CHAID 工具中的邦费罗尼（Bonferroni）调整和最小的样本量，用户可以根据需求自行选择。利用限制性最小样本或者增加邦弗朗尼调整的中止阈值，最终会减少重要变量的数量。这样就可以得到一个简单的，只有几个分支和节点的决策树。只要不限制样本大小，也不规定数据值域，就可以得到一个无止尽的决策树。

两种程序（CHAID 和 CART）都可以作为目标程序，就像更传统的多元回归分析以及逻辑回归分析程序一样。作为目标程序，实际的端节点或细分会按照它们自身与目标行为的关系自上而下排序。在我们所举的例子中，共有 6 个细分部分，也就是端节点。这 6 个细分部分中，记录按照各个细分部分的响应率排序，在此基础上我们可以制作出增益表或者等分表。在如图 18-1 所示的例子中，细分或者端节点的顺序如下：

- 顺序 1：持有现金 >1 万美元并且客户保有期 >5 年；
- 顺序 2：持有现金≤ 5 千美元，关系 >1 并且拥有抵押；
- 顺序 3：持有现金 >1 万美金并且客户保有期≤ 5 年；
- 顺序 4：持有现金≤ 5 千美元且关系 =1；
- 顺序 5：持有现金≤ 5 千美元，关系 >1 并且没有抵押；
- 顺序 6：持有现金在 5 千到 1 万美元之间。

在这个例子中，我们用 6 个顺序创造了 10 个等分组，这会使许多记录产生同样的结果。这种基于响应率的区分方法降低了数据粒度，从而无法得出能够实现预期商业目标的最佳决策。但传统的回归分析技术不会出现这种问题，因为它们得出的结果是分数，出现相同结果的可能性较小。使用这种方法时，为了提高数据粒度，可以适当放宽对数据值的限制，以此获得更多的节点和顺序。这种方法的缺点是，增加的端节点在数据可靠性方面比较差。因此，用户必须在数据粒度和数据可靠性之间进行取舍。本书一直强调的一点是，商业知识要能够帮助用户作出更加明智而平衡的决策。

Data Mining For Managers

How to Use Data to Solve Business Challenges

第 19 章

黑盒分析法

企业现在已经充分认识到了预测分析对盈亏底线的重要性。过去那些备受置疑的解决方案现在已经被大多数企业所接受。但是，从实践者的角度来看，一些解决方案更加容易理解。实践者面临的挑战是如何跟商业终端用户沟通，让他们明白这些解决方案的原理和实践方法。这是什么意思呢？对商业终端用户来说，这意味着两件事：

（1）能够运用解决方案获利；

（2）理解商业投入。

关于第一点，我们已经在前面的章节介绍过等分报告和增益图。这些等分报告和增益图能够为决策提供必要的信息。为既定解决方案中记录排序的能力能够帮助商业人士充分理解特定商业情形下的潜在利益。随着预测分析法已经越来越广泛地应用到商业活动中，等分报告和增益图已经成为解决方案中的关键部分，能够为商业决策提供必要信息。

关于第二点，理解商业输入是一个巨大的挑战，因为这需要分析师深入理解某个解决方案，并且证明什么是模型的关键商业输入。但是，随着预测分析法的发展，技术也在不断进步。尖端的数学方法利用人工智能进行计算，它能够辨别出非线性模式，这就给分析师解释模型关键组成部分造成了障碍。这是什么意思呢？假设某个变量（例如客户期）在响应模型中是一个三峰分布，如何将商业趋势的意义传达给商业用户，而不是简单告诉他们只要会用公式就好？在许多尖端技术中，有许多变量都表现出了高度的非线性复杂性。有了这些尖端技术和软件，等式都不能成为解决方案的输出。相反，实践者面前的商业规则才是解决方案的输出。然而，非线性变量之间会进行交互，并输入到解决方案中，这种情形就更加复杂。在实践者向终端用户解释解决方案时，这类复杂数据会增加解释的难度。因此，实践者通常都会将这种解决方案称之为“黑盒”。

除了黑盒解决方案带来的沟通挑战之外，第二个问题是可信度。商业人士是否相信解决方案中的等式和变量比传统的线性以及逻辑线性技术更加优越呢？也许数学理论能够解释为什么这个变量值最佳，但是这用商业术语能够解释得通吗？例如，如果客户保有期和响应之间存在线性关系，那么解释起来就很简单，客户保有期越长，响应的可能性就越大，这也就是等式中客户保有期的系数为正的原因。如果收入与响应之间也存在线性关系，那么收入越高，响应的可能性就越小，这就是等式中收入的系数为负的原因。

然而，如果趋势是一条曲线，并且分布中有多个模型，那么解释客户保有期对响应的影响力就比较困难了。客户保有期成为了复杂的多项式函数，很难用商业术语解释清楚。如果是从机器学习结果得到的解决方案，那情况就更加复杂，因为这时得出的商业规则并不能解释客户保有期对响应的整体趋势。相反，在优化客户保有期与响应之间关系的时候，客户保有期关系是在分布中的特殊点上得到的，这时客户保有期与响应之间表现为多种非线性关系。

有了这类黑盒解决方案，以用户为驱动的参数就能够提供必要的灵活性，帮助实践者有效制定一系列解决方案。实践者可以改变参数然后得到几乎“完美”的解决方案，因为这些高端的数学解决方案往往会解释所有变量，哪怕其中有一些是随机变量。当然，这是黑盒解决方案的基本问题，急需得到验证。

评估一个解决方案优越性的关键就是确认其有效性，以及通过增益图比较哪个方案能更加准确地预测目标行为。在寻求稳健的验证环境这一点上，实践者和学术界往往能够达成共识。

但是，不能解释关键商业输入，就无法让企业中的更多人接受这些工具。商业人士需要更加深入地理解这些数据，因为他们需要理解用来评估解决方案效果的测量过程。如果在方案和结果之间出现理解的鸿沟，那么这个过程就无法有效执行。如果解决方案能很好地发挥作用，那么也许并不会产生什么影响，但如果解决方案没有发挥出效果呢？在这种情况下，就必须仔细检查究竟是哪一部分起作用，哪一部分没起作用。而要想做到这一点就必须深入了解关键商业输入。这种理解差异会严重影响衡量黑盒解决方案的能力，这也是大多数企业更愿意选择简单的线性或逻辑分析法的原因。在这种类型的环境中，“更少意味着更多”这个概念非常适用，因为这些解决方案是透明的，而且非常容易理解。更重要的是，如果没有得到预期结果，还可以进行详细分析。

尽管如此，黑盒解决方案仍然是分析师的有效工具。实践者更看重量化结果，因此在验证过程中总是会考虑各种黑盒解决方案。他们希望将这些解决方案与传统技术进行比较。如果验证结果显示传统技术与黑盒方案得到的结果基本相同，他们会选择更加易于解释和使用的传统技术。通常情况下，预测分析实践中都会得出这种结论，因此大多数人都选择传统技术。但是，如果黑盒分析法能够提供更好的结果，分析师就需要权衡传统技术能够节约多少资金。在那种情形下，最好能在现实的营销活动中同时应用两种方法。如果之前有相似的营销活动或者在过去的商业活动中同时用到了两种方法，回溯测试就是一种更好的办法。关键在于不要排斥不同的方法，而是谨慎实践，尤其是黑盒解决方案很难理解的时候。

第 20 章

从数据挖掘师角度解读数字分析法

随着数字营销的出现，社交媒体成为了与客户互动的新平台，营销在过去 15 年间发生了一些根本性的变化。数字技术使营销人员可以用多种方式与客户进行沟通。客户不再仅仅是信息的接收者，数字技术让他们在沟通中更加积极，他们更关心自己的需求和期待。客户对营销的前景有了更多掌控力。那些不重视这种新形势的企业将面临风险。邮件信息、社交媒体、短信、GPS 警报以及博客都只是沟通的几个方面而已，它们在 20 世纪 90 年代时还不存在。除此之外，客户还可以选择浏览一家公司的网站。

所有这些沟通方式都是一对一的沟通，这对许多直销人员来说都不陌生。利用信息并针对信息采取行动永远都是直销人员的核心目标。在这个目标的基础上，直销人员得出了直销领域的成功三要素，这同样适用于数字营销领域。这三个要素分别是：

- 名单（我沟通的目标受众是谁）；
- 提议（能够满足客户需求的产品或者服务是什么）；
- 信息（我与客户沟通的内容应该是什么）。

在这三要素中，最重要的就是名单，或者说目标受众。事实上，随着建立预测模型以及细分市场高级形式（例如分组）的盛行，分析以及数据挖掘已经主要集中在这一领域。但是，我们还是首先谈一下电子邮件。

分析邮件

从电子邮件中捕获信息有点类似于直邮的过程，但是更加自动化。营销人员能够跟踪收件人、发件时间以及邮件类型，比如说，给邮件分组的过程中这些都可以做到。从响应的方面来说，响应活动可以根据谁打开了邮件（打开率）以及谁响应并采取了行动（例如点击邮件中的链接）进行测量。响应代表的就是点击率。除了从电子邮件中捕获信息的自动化程度日益提高之外，数字营销的其他优势在于信息是即时的，因为从理论上来讲，所有收件人都是在同一时间接收到电子邮件的。因为网络上信息传递是即时的，所以分析任务也可以实时进行。从分析师的角度来看，这些任务包括了实时报告和实时分析。只要确定好分析或者报告目标，就不存在瓶颈或者时滞，也不需要等待分析数据。

考虑到网络信息的实时性及其对有效制定商业决策的重要性，网络开发和网络营销的先驱者们为我们创造了追踪客户在线行为的工具。早期的工具使用者或者说先驱开发出了一种能够帮助企业追踪关键网络行为的报告，可用于跟踪打开率、点击率、退回率以及转化率。从电子邮件的角度来看，如果企业能够保证退回率最小且打开率、点击率和转化率最大，那么就已经取得了成功。但是，转化率并不是永远都准确，因为客户可以选择其他渠道购买产品。

尽管上面所说的标准能够大致判断一项活动是否成功，但是如果想进行进一步的深入分析就会受到限制。比起活动本身，直销人员永远都对营销活动之前的客户在线行为更感兴趣，例如上一次发送邮件的时间，收发邮件的频率，以及收到邮件的类型。更重要的是，对于如何利用开展营销活动之前客户的收发邮件行为影响到其在营销活动开展期间的在线行为这一点，直销人员有着浓厚的兴趣。但是，对许多企业来说，这类信息只能从某些营销数据库中获得。同样，这也是有经验的直销人员所熟悉的领域，但是网络专家却并不了解。许多企业都没有营销数据库，但这样的数据库确实提供了丰富的历史信息，能够产生有价值的知识，帮助企业了解网络趋势和客户行为及其对未来收发邮件行为的影响。

分析网页浏览活动

接下来，将客户对在线营销的反应考虑在内也非常重要，例如客户浏览企业网站的行为。浏览企业网站就像收看电视节目或者观看广告牌上面的广告，不同的是客户的浏览行为能够轻松地为企业提供其所需的信息。第一个问题是如何有效收集信息。这意味着在客户浏览某个网站时，企业应当有效地为客户贴好标签。

在互联网刚刚兴起的时候，出现了 Cookies 和标签，它们都基于计算机的 IP 地址。Cookie 或者标签代表的是某位用户的唯一信息。这个系统存在缺陷，在真正辨认特定用户时，其能力是有局限的。例如，多台计算机共用一个相同的 IP 地址时，IP 地址是动态的，也就是说这些地址会在由互联网服务提供商确定的固定时间间隔内发生变化。因此，一位使用同一台计算机的用户在不同的时间段可能被视为两位用户。

如今，大多数企业通过用户认证系统获取客户信息，该系统会要求客户提供姓名、地址以及其他人口统计信息。第一次登录时，客户需要输入密码。以后再访问同一个网站时，只需要输入密码，系统就可以将本次访问与相应的客户联系起来。系统将这些信息与客户数据库对照，看该客户是现有客户还是潜在客户。营销人员需要提供一些引导，以此帮助客户确认身份。在大多数情况下，会员和质保服务是吸引客户确认身份的有效手段。能够更好地辨认访问者之后，下一个问题就是理解这个信息，尤其是原始信息。访问者访问某网站的原始信息都存放在日志文件中，这些信息包括以下内容：

- 用户 ID;
- 登录时间;
- 点击 / 页面请求;
- 状态码，也就是请求的结果;
- 用户访问目标的大小;
- 来源（用户从哪儿来的）;
- 用户代理浏览器。

状态码和用户代理信息可能是网页分析中用处最小的信息。对那些在线下拥有丰富数据经验的人来说，日志文件类似于传统数据库系统中的交易或者记账文件。在典型交易文件中创建的 RFM 变量和交易类型变量能够通过日志文件创建出来，并且体现为以下信息：

- 上次登录的时间;
- 在特定时间段内的登录次数;
- 浏览页面类型;
- 某段时间内的页面浏览行为。

同样，对许多现有的网络分析服务提供商来说，他们能力的缺陷在于无法提供客户行为的纵向分析或者历史回顾。非常明显的是，现成的网络分析软件非常擅长分析点击网页的行为，以及在某个时间段的点击数量。但是，此类软件不能观察到营销活动开展之前的在线客户行为。就像电子邮件的例子那样，营销数据库或者数据集市能够帮助分析师实现此类分析。有了营销数据库提供的在线客户的历史信息，营销人员就能辨别出页面浏览趋势、日志活动量以及登录活动的日期，并观察这将如何影响客户未来的在线行为。营销人员已经习惯了由营销数据库提供客户的历史数据。这对经常在线上以及网站上开展营销活动的营销人员来说很明显是一种分析挑战。但是，直销经验和专业能力能够不断提供必要的思考领导力，以优化数据的使用。

日志文件数据能够提供丰富的浏览行为信息，以及近期访问某个网站的日期和频率。网站数据提供的额外信息对当前环境来说是独特的，这些信息包括某位访客访问某个网站所花的时间。有了这些丰富的信息，就可以建立模型来预测任意点击行为的偏好，包括页面浏览、命令、对调查问卷的响应，还有通往其他网站的链接。由于在网页上互动的时间能够被网页记录下来，所以在建立预测模型时，我们可以在分析文件中建立起访问前和访问后窗口。正如之前所说，访问后窗口包含需要预测的行为或者目标函数，例如页面浏览、点击网址等。与此同时，访问前窗口能够捕获在访问后窗口之前发生的所有网页行为。考虑到可用数据的量级，挑战在于利用如此丰富的信息辨别或者创建有意义的变量。在线下建立任何模型之前，为模型定义相关环境是非常关键的基础阶段。用于筛选用户的基础特征可用来辨认那些明显与建模无关的用户，因为他们在期望的建模型行为方面表现很不活跃。由于能够实时统计在线模型分数，这类访问者没有分数，也就是说他们代表最差的名单。模型分数能够转换为等级，并且能够让终端用户明白模型效果相比于平均模型效果的等级。

考虑到现在人们访问数字信息的速度，从数据中获得洞见的期待也在不断增加。对快速获得洞见以及快速工具的需求要求我们将分析环境标准化时保证更好的稳健性。有了标准化数据环境，分析师就能花更多的时间创建工具，进行分析活动，帮助商业人士提高从数据中获得商业洞见的能力。符合这些条件的数据环境能够达到在一年内至少生成 100 个左右模型的能力，就是因为有了一个标准化的分析文件。所有的潜在输入对任何模型来说都应该是相同的。各个建模场景唯一的不同就是目标函数或者预期建模行为会发生改变。此外最大的限制就是建立、测量以及追踪这些工具的人力资源。使用社交媒体以及文本挖掘只会增加对合格人才的需求。

建立个体水平模型能让用户不必再自行确认自己的身份。例如，在一般情况下，用户访问某个网站的一般浏览活动能够用来确认与这个人相关的特定趋势和行为。当然，在这种情形下，我们感兴趣的分析记录是计算机的 IP 记录，而不是用户本身。很多尖端互联网公司，例如亚马逊、雅虎，还有谷歌，都使用这种信息，并且称之为“行为广告”。例如，基于你的点击行为，这些企业能够投放一些更加符合你行为习惯的广告。这使得这些企业能够在广告投放方面更加高效。能够提供更加优越的行为广告解决方案的企业，在寻找网络广告位置方面更具竞争优势。企业在利用行为广告模型方面越得心应手，他们在广告投入方面的成本就越低。

在回顾了数字世界不同形式的互动之后，下一个需要讨论的问题是我们能否获得个人层面的数据，这在线下世界中比较常见。数据的数字化集合使我们的数据环境更加集中，个人层面的数据也更加容易获得。由于数据的可得性，过去商业中不常用的高级数学工具现在也成为了商业世界的常客。

营销属性

在传统直销中，将消费与营销活动联系起来的能力是十分直观的。如果出版商尝试通过直邮得到新的订阅用户，客户响应可以直接通过促销获得，例如通过业务反馈卡或者一个特定的 800 电话号码。在数字营销中，这个过程稍微有点复杂。一封请用户去商店购买物品的邮件并不能体现出购物行为与这封邮件之间的线性关系。毕竟，用户可能会在没有收到邮件的情况下产生购买行为。还有一种情况在直销中也很常见，他们发送邮件指导用户去商店购物。但是，从历史角度来讲，传统的直销活动总是尝试将销售金额直接与促销活动联系起来。在数字营销中，这种格局已经发生了改变，因为电子邮件和社交媒体活动可能主要是为了让客户认知，也就是说，目的是引发另一个渠道的购物行为，例如“去商店”。但是，数字营销能够通过邮件中包含的特定网址或800号码指向某个产品。

多亏了网站，营销人员现在可以运用多媒体营销活动，并且将数字营销作为整体营销活动的一部分。数字营销可以与直邮、电视营销活动或者境外电话营销活动结合起来。这成了一种常态，并不算当下营销环境中的特例。采用多媒体的目的是让更多客户认知，并且增加与客户之间的互动，从而引发消费行为。

在数字营销中，如果A组接收电子邮件和传统媒体，而B组只接收传统媒体，就可以建立A/B测试。A组和B组具有同样的客户特征。这时，对投资回报率的影响就能直接与邮件营销活动联系起来。即便销售额不能直接归到个人，每组的累计销售额也能估算出来。我们可以假设任何接收到邮件的组的正增长或者负增长都是由营销活动引起的。邮件营销活动的成本能够提供其他信息，从而帮助营销人员计算出投资回报率。

当今网络分析的主要挑战是精确地确定每次点击是否会产生实际消费。如果点击能够引导客户至某个能够引发行为的网址，例如购买商品的链接，那么这两者之间就会产生直接关系。但在大多数情况下，正如我们之前看到的那样，客户拥有其他渠道去购买产品，并不一定要点击特定的网址。例如，在商店购物也许是由其他动机引起的，而不是因为访问了某个网站。

第 20 章

从数据挖掘师角度解读数字分析法

大数据

围绕大数据的讨论和争辩将给数据挖掘社区带来新的挑战。在大数据语境下，“三个 V”（大量、多样、高速）代表的是处理和分析数据过程中的关键挑战。对直销人员来说，在开发和执行成功的营销项目时，大量永远都是典型的环境特征。然而，数据多样性和高速的概念对有经验的直销人员来说则代表着新的挑战。说到多样性，数据现在都以非结构化的形式出现，而大多数有经验的实践者都更熟悉传统的数据库营销。在我讨论大数据的新方面之前，讨论数据库营销技术是一种保障，因为这种专业能力可以应用于大数据。通常情况下，数据会以表 20-1 的形式出现。

表 20-1　结构化数据示例

结构化数据			
客户编号	**家庭成员数量**	**邮编**	**收入**
1	3	L1A3V1	125 000
2	2	M5S2G1	30 000
3	1	H4B2E5	40 000
交易编号	**日期**	**数量**	**产品类型**
1	2009 年 7 月 15 日	100	A
2	2009 年 10 月 1 日	75	A
3	2009 年 9 月 15 日	200	C

在本例中，我们有一张客户表和一张交易表，这个结构是由按照行排列的记录（客户表有 3 条记录，交易表有 3 条记录）决定的。与此同时，记录或者变量的特征排成列。通常情况下，总会有一种方式能将两张表格连接起来。事实上，交易表格中的客户号码（为了简洁，这里没有列出来）就是连

接两张表格的匹配键。

在线记录是非结构化的，因为它们无法按照字段或者变量进行定义。但是，我们有成块的数据，它们都是需要分析的原始数据。而使这种挑战更加复杂的就是非结构化数据还会以不同的文件格式出现（因此多样性是大数据中的“三个 V”之一）。现有的不同格式的数据都需要新的工具，尤其是 ETL（Extract，Transform and Load，提取 – 转换 – 加载）。很多情况下，社交媒体供应商会提供 API（应用程序接口）帮助读取数据。使用这些 API 并结合数据库查询和提取工具，例如 NoSQL（非关系型数据库）、Mongo 和 Python 等，分析师就能提取出有用的信息。另一层复杂性是由大数据的第三个 V——高速带来的。高速指的是大多数数据都是持续的数据流，或者持续地“冲向我们”。从另一种观点来看，数据的高速性带动了数据的处理量。

正如在处理不断变化的非结构文件格式时需要新的 ETL 工具，在应对数据处理需求，解决数据的大量和高速问题时，也需要新的工具。传统的顺序数据处理程序已不再适合。包含并行分布式文件处理的技术和 MapReduce 编程工具使 Apache 及其 Hadoop 技术成为了商业世界的常见名词。我们先不深究这些技术细节，我们可以说这种技术的目的是以比传统顺序文件数据处理程序更加快速地处理数据。

将这些数据处理技术和 ETL 工具整合起来，能够使数据挖掘者在大数据世界中进行操作。然而，正如我们在整本书中所言，重要的不是数据本身，而是帮助企业应对商业挑战。持一个“那又怎样”的态度能够帮助分析师理解解决某个商业问题真正需要的东西。每个问题都属于大数据带来的挑战吗？当然不是，真正的答案应该是每个问题都有可能是数据带来的挑战，有可能是大数据，也有可能是小数据。换言之，我们到底需要什么样的数据来解决手中的商业问题？

第 21 章

组织因素：人与软件

当今世界，社会各个层面均在发生剧烈变化：旧的政治结构已不复存在，运动行业有了全新的劳务合同，企业变得扁平化并不断精简人员，科技让信息使用更加便捷。然而，所有变化都不及科技和数据挖掘领域的发展，因为这两个领域拥有最好和最相关的技术去解决商业问题。

一些领域已经发生变化，而且这些变化将持续下去，包括：

- 组织变革；
- 人；
- 软件。

随着数据和信息成为越来越重要的企业资产，传统的影响因素正在减弱。技术和日益增长的知识授权使组织扁平化，最终减少了 CEO 与雇员之间的层级。

这些变化不仅对企业结构，而且对创造新职位和新职责也有关键作用。获得知识、情报并使用它们作出更好的决策，这正是数据和信息的作用，因此企业需增加一名首席知识官或首席数据官（Chief Data Officer, CDO）。这个角色不需要像 IT 专业人员那样懂得收集信息的方法，因为获得知识和见解需要不一样的技能。如果信息是企业重要的竞争力，那么首席知识官或首席数据官就与首席信息官（Chief Information Officer, CIO）同等重要。事实上，CIO 的工作已经有点过时，其工作重点更应放在数据挖掘和分析上。现在，让我们认识一下首席知识官或首席数据官。

哪些特质是首席知识官或首席数据官所必需的呢？举一个极端的例子，首席数据官负责所有不同领域的分析工作。那么，在信用卡公司，所有的市场分析和信用风险分析都会汇总到这里。尽管分析的对象（市场与信用）区别很大，但都是为了获得重要信息以便作出正确决策。首席数据官的首要职责是加强这两个领域的协同，也就是重点关注优化营销行为和降低信用卡风险和欺诈风险。每个领域的绩效目标都会基于该领域的绩效而排序，其他领域的绩效也与绩效评估密切相关。通过将不同领域的目标和对象进行杂糅分析，首席知识官或首席数据官可以更好地全面掌握各个不同领域的活动和任务，以便与企业的整体目标相匹配。

营销中的数据挖掘

从历史来说，数据挖掘部门早已存在。像直销这种常规的营销手段，需要营销服务部门执行直接投递促销邮件的工作。当然，这其中包含了一系列活动，第一步是获取名单，这项工作可以和专业代理机构合作，他们会基于活动目的列出名单。第二步是进行数据清理，确保名字和地点准确，在推广文案中不出现重复的名字。第三步也是最后一步是制作活动列表文件和调查问卷。通过参与活动的人群，调查问卷能够获得本次活动预定目标的特定信息。

从分析角度来看，数据挖掘活动一直应用于直销领域。随着直销效果逐渐增强，为了获得更好的信息和洞察力，分析内容也越来越多，这最终引发了对数学知识和数据分析技能的需求。由于分析内容已强有力地证明了其价值，分析的体系和复杂度也在增加，这要求企业成立数据挖掘或客户关系管理分析部门。现在，很多企业的分析报告会分发到不同部门，比如营销分析报告和信用卡风险分析报告。正如早前所说的，一些公司开始关注分析或数据挖掘，这种关注会给企业带来有关顾客和利润的全局观。为了能在顾客个人层面获益，企业的数据分析活动会持续增加。然而，大多数企业对数据分析和数据挖掘采取分散的管理方式，把它们分散到各个部门中去。

随着数据量剧增，互联网也会加入到数据分析的洪流中。关键在于整合线上、线下数据，而且更重要的是如何利用这些整合起来的信息作出更好的决策。在大数据和数据分析的时代，人们将会增加对分析的关注度和对首席数据官的需求。即使将来达不到如此高的关注度，新的大数据浪潮也会影响数据挖掘在企业中的角色和作用。

现代工业的外包

将企业的各种业务外包还是内包一直是敏感话题，学术界、企业、政府各执一词。随着科技和全球化的发展，与 10 年或 20 年前相比，将一些职能外包出去显得更容易实现。比如，很多大企业外包了他们的电话推销业务。在全球化的今天，企业不仅要找到完成业务最便宜的地方，而且要从业务中找到利益最大化的地方。对于电话推销，很多企业认为在低人力成本国家开展这项业务会更便宜，而且在这些受教育程度低的国家，培训费用也会降低。同时，通信技术可以保证无论从多伦多还是从新德里打出的电话，都有相同的接听品质。这些条件允许企业为实现利益最大化，向北美市场出售商品，但从低人力成本国家中的服务和成本中获益。

另一个例子就是科技工业本身，传统的技术方案得花很多钱。一位没有经验的程序员工资最低为 35 美元 / 小时，经验丰富的甚至会超过 100 美元 / 小时。亚洲一些人力成本较低的国家愿意提供这些服务。很多公司已经把技术解决方案转让给低成本人员，有趣的是并不是所有的方案都会转让。那些需要高技术能力的解决方案仍操控在北美人手里，普通方案则由大洋彼岸的人完成。比如为某公司设计一套能满足要求的系统时，设计工作将在北美完成，但屏幕编码和视觉交互界面在亚洲完成。

第 21 章

组织因素：人与软件

外包数据挖掘分析的演化

数据挖掘行业当然少不了对外包业务的讨论。一些企业已经意识到数据挖掘是他们业务的重要组成部分，他们对数据挖掘的需求也日益增长。但在 15 年或 20 年前，只有少数企业会尝试这么做，当时这些企业投入了大量的技术和资源开展数据挖掘工作。这些企业的工作人员已经意识到数据挖掘背后巨大的商业价值，同时也看到了技术上的局限。直到 20 世纪 90 年代，技术取得了突破，允许更多的企业进行数据挖掘，并将其作为核心的服务内容。

由于企业拥有数据挖掘能力，因此他们需要决定哪些业务可以全部外包、部分外包或完全不外包，解决之道不仅基于企业的性质，更取决于决策者的决策。

核心业务 VS 非核心业务

在组织层面，企业的业务可以分为核心业务和非核心业务。若对企业来说，数据挖掘是非核心业务，那办法就简单了。大多数企业选择将此业务外包出去，但由内部管理。而一些更普通的数据挖掘业务，比如基本报告，则由本公司人员运用数据分析技能来完成。

若企业认为数据挖掘是核心业务，则不会将普通业务外包出去，尤其是高级业务。这些业务具有战略价值，也是企业的核心竞争力，大多数情况下对银行和通信公司来说是这样的。在确定数据挖掘是否为企业核心业务时，可以先问以下几个问题：

（1）在通信公司销售通信设备和服务时，或银行销售金融产品和服务时，数据挖掘技术是否提供了关键情报和商业优势？

（2）数据挖掘技术能否为银行和通信公司提供具备关键竞争优势的战略洞见？

对上述企业来说，答案是肯定的。然而，无论数据挖掘是否为核心业务都应该掌握在企业内部的争论从未停止。在回答这个问题之前，首先要明白数据挖掘的解决方案能否在企业之间转移。

数据挖掘业务是否需要企业独立完成

对于比较大型的机构，比如银行和通信公司，数据挖掘在战略上非常重要且是企业的核心业务是显而易见的。然而，数据挖掘的很多成果本质上都是战术层面的。例如，开发目标客户模型能帮助企业在战术层面满足特定的业务需求。当然，在向客户提供服务和产品时，模型是重要组成部分。但这项工作需要由企业自己完成吗？换句话说，把这项业务外包给其他公司，本公司会失去优势吗？当然，外包公司会获得与特定客户模型相关的顾客特征信息，但是这些信息对公司来说是唯一和特殊的，很难转移给其他公司。这正是问题的关键！如果数据挖掘成果是不可转移的，那就无需关心解决方案是出于自己还是他人。

解决方案本身确实不能在企业之间转移，但数据挖掘的技术是该自己拥有还是外包呢？有一种观点认为公司最好利用数据挖掘技术来满足自身特定的业务需求，这就意味着这种技术到底是在公司内部还是外部并不是真正的问题。这里重点考虑的是从哪里可以得到最好的价值和服务，并且如何实现低成本。从企业的角度来看，当管理者决定是否外包数据挖掘工作时，应该

第 21 章

组织因素：人与软件

思考下列几个问题：

（1）能否以低成本满足所有需求？

（2）是否有做这项工作所需的技术？

（3）从不同的角度和观点来看，是否会产生更优的商业决策？

（4）企业自身资源和外部技术能否融合以产生更大的价值？

到目前为止，对外包的讨论都是基于纯粹的商业原则，然而，更多微妙和隐藏的原因都能影响外包的决策。这些原因也有更多的心理因素和人对安全的考虑。无论在什么环境里，所有人都希望是安全的。当然，工作安全只是其中之一。这里举一个心理因素如何起作用的例子。我们假设约翰管理着 10 个人的营销服务部门。约翰被上级要求考虑外包业务，因为别的部门有更多的对于服务的需求，而且这些服务必须由更少的内部员工来提供。他的第一反应是，如果外包出去一部分业务，他的部门对企业的影响力就减弱了，而且他还得用更少的人来完成这些工作。这不仅是人数的问题，约翰看到了背后的预算问题。也就是说，他部门的重要性与预算有关，而预算是按他部门的业务而不是人数分配的。然而，他必须决定如何改变预算分配，也就是说，他必须做以下两件事：

（1）证明数据挖掘带来的回报和对企业的影响；

（2）确保企业高层人员清楚地理解这些回报。

仅仅增加部门人数是完不成这些任务的。如果约翰关注的是企业数据挖掘回报最大化，那他会寻找内部和外部最好的资源来达到目的。如果约翰能证明他的部门给企业带来 15 000 000 美元的利润，那么可以不管这些回报是由 15 个人还是 1 个人创造的。最重要的是在规定的时间内完成所有工作，并且通过内部和外部工作人员获得最佳解决方案。拒绝外包的公司政策将很难推行。即使拥有高素质的内部员工，拥有大量行业经验的外部供应商也能给商业问题带来全新的观点。

保障工作安全的重要内容不是打造庞大的团队，而是做好必要的预算。为保障工作安全增加预算是必要的，但保持预算总量甚至增加预算的关键在于持续通过数据挖掘获得回报，而且最好是通过内部和外部资源整合获得的。

外包分析领域的另一个趋势是离岸高级分析。正如前面电话销售的例子所讨论的，离岸公司进行的数据分析工作传统上是在岸公司的责任。这些业务的技术含量逐渐增加，而且也需要应用先进的数学工具进行大量编程工作。在岸公司拥有横跨多个行业的数据挖掘经验，因此能有效地管控过程，而不需要开展所有必要的数据挖掘工作。在实践中，特定数据挖掘项目的精简成本过程的有效性将带来各种结果。企业必须回答的问题是：雇用初级数据挖掘人员做与离岸公司相同的工作是否有意义？企业培训和指导这些初级分析人员是在向技术和经验投资，企业认为这些初级分析人员会比离岸公司与在岸公司合作带来的成果更多。在岸企业必须不断投资于内部的新的分析人员，因为回报是巨大的。通过数据分析要解决的更深入的问题只能依靠个人的知识和实践经验。与此同时，离岸公司也必须考虑多种选择，如果技术工作遵循清晰简单的流程的话。

人的因素

在数据挖掘实践中，人的因素往往被认为是最大的挑战。由于数据挖掘学科相对较新，发掘知识渊博的人才是很难的。过去，企业从其他有广泛直销业务的企业中寻找人才。正规的教育培训并不存在。

然而，这种情况已经发生变化，如戴豪斯大学（Dalhousie）和皇后大学（Queen’s University）等教育机构已设立数据分析商科学位，设置的课程都会介绍数据挖掘在市场中是如何演变的。社区大学也提供数据挖掘课程，商业团体（比如加拿大市场协会和预测分析世界大会）也有两天的研讨会以及数据挖掘和预测分析的课程。

尽管有这些教育机构，正规的数据分析教育仍然处于起步阶段，人们更关心的是大学层面的变化，包括戴豪斯大学和皇后大学颁发商业分析硕士学位。随着社区学院也开设了这门学科，更多的大学开始关注这个领域只是时间问题罢了。

大学在一直调整，就像计算机科学成为独立学科一样，数据挖掘或许会成为包罗万象的领域，即知识管理。无论这些变化是否发生，在任何信息管理学科中，数据挖掘都会是核心组成部分。这些新增的教育和培训应当与处于数据挖掘初级职位的年轻人相匹配。企业应提供更多的实践训练，作为学校教育的补充，并培养更多有才能的员工。

软件的变化

数据挖掘软件反映了数据挖掘领域最大的变化，这种变化在不久的将来还会持续下去。为什么软件变化如此剧烈？随着获取数据变得廉价和便捷，人们对数据分析的需求也变得越来越大。从历史来看，只有拥有编程能力的人才能从事数据分析，尤其是那些有 SAS 编程能力的人，他们被视为企业数据分析专家。这些能力对企业来说仍具有极高价值，但他们的角色也在发生变化。第一，常规的商业分析师已经被企业授权做非统计数据分析；第二，企业招聘更多数学方面的人才（有能力做统计分析），但这些人因为不懂编程而能力受到限制。在以上两种情形中，新软件可以帮助企业开展数据分析但不需要分析师编程。相反，图形用户界面（Graphic User Interface, GUI）能让分析师进行更多的数据挖掘实战。分析师必须对数据挖掘过程有深入了解，但他们已经不再需要编程。

数据挖掘软件另一个重要提升是实时数据的分析功能。也就是说，它们可以在最及时、最准确的条件下进行分析。这特别适合于信息一直在变化的在线营销领域。在任何时间接收数据并进行分析的软件有了极大改进，以前使用者必须等待下一次数据更新，或等待 6 到 8 周收集足够的数据才能分析直邮活动。

许多这些新工具都拥有高性能数学组件，它们可以帮助企业锁定特定的预期或客户。尽管数据挖掘师对于能够拥有这些高性能的工具很兴奋，但它们仅仅是工具而已，与能力、知识和经验无关。

软件供应商和数学家会说他们的新软件是数学领域的下一个突破，但是数据挖掘师必须客观地评价这些工具，并用适当的试验来验证其有效性。

也许最令人激动的数据挖掘技术的发展就是文本挖掘。该领域研究的是如何将非结构化数据（比如文本）转化为可操作的结构化数据。其工作流程是通过数据解析 / 清理，将数据转换为可执行的数据，然后用特定的聚类技术将数据分类。请仔细考虑一下这里面的机会。数据挖掘人员可以使用任何形式的数据，如顾客评论和其他文本，来揭示顾客的相关行为。查看客户和零售公司之间邮件里的数据就是这样一个例子。通过分析客户邮件内容，分析人员可以将内容分为三类：投诉、询问目录信息以及询问某种商品信息。这些数据可用来决定哪种信息会对销售额产生影响。这种文本信息的识别和发掘能力越来越突出，尤其是在大数据时代。

随着数据挖掘行业的兴起，各大公司研发出来的产品使得更多的商业用户进入这个领域。高端用户（统计学家、程序员、数学家）和低端用户（商业分析人员）都能有效地开展数据挖掘工作。高端用户可以快速使用复杂的统计分析，他们使用一系列不同的数学模型并获得结果。软件可以让分析人员进行更多的思考，这将有助于他们利用自己的分析能力以不同途径评估结果。比如，他们可以利用以下五种技术：逻辑回归、CHAID、类神经网络、遗传算法和线性回归。

同时，假设我们按照以下步骤创建一个数据环境：

（1）在连续变量基础上创建指数变量；

（2）为拥有时间和值的所有变量创建可变变量；

（3）使用 CHAID 创建类别变量；

（4）使用因素分析创建类别变量；

（5）使用聚类分析创建类别变量。

软件通过提供全部需要用到的数学技术来应对这些挑战。分析人员必须解释这些结果，评估其给业务带来的影响。除了运行数学程序外，分析人员还应该学会创建派生变量。正如前面讲到的，这是一种极其重要的数据挖掘能力。同时，软件仅仅是工具，辨别和创建派生变量依赖于数据挖掘师的洞察力和知识。

从一个更广泛或哲学的角度来说，数据挖掘软件背后的核心任务是自动化——不是数据挖掘本身自动化，而是具备批判性思维的数据挖掘任务自动化。软件的发展允许分析师对问题进行更多批判性思考，并考虑解决问题的多种途径和技术。程序可以产生批判性思维所需的信息，而该程序的创建过程已经实现自动化。相关例子是模型开发和评估。一旦分析文件创建出来，不需要编程，多种模型就能快速创建出来。分析人员可以选择合适的技术并快速创建模型。增益图或等分表会自动生成以供评估新模型的结果。模型的自动化发展让分析人员看到了很多不同的观点。分析人员现在更多地是在考虑采用不同的模型，而不是写代码。他们必须详细了解模型的组件或变量，因为数据挖掘人员有责任了解黑盒解决方案的详细信息。任何商业模型的结果都必须得到验证。在有数以百计变量的自动建模环境中，如何能得到更有效的验证？自动化程序会分析 KS（Kolmogorov-Smirnoff）统计或之前讨论过的直线和抛物线之间的面积。我们之前看到的例子如图 13-2 所示。

秩区间

如果在模型开发中，KS 统计（介于水平线和抛物线之间的线以下的区域）发生变化，而且无法达到模型开发阶段预定的阈值，那么程序会提示用户模型存在重大缺陷。SAS 这类公司会提供专业工具（如 SAS 模型管理软件）向分析师指明什么时候触发提示。

软件评估

我们首先要关心的是软件计算结果的准确性。到底是其他软件还是现有软件能得到更好的结果？正如上面提到的，比较不同 KS 统计是一种评估软件的方法。还有一种方法就是比较某种给定算法得出的不同结果，这是另外一种 KS 诊断。如果用主要的数据挖掘目标来区分结果，那么比较不同软件算法的结果会得出图 21-1 所示的曲线。

在上图中，软件供应商 3 是最理想的选择，因为它有最好的排序结果：从一等分到十等分。

另一个评价软件的关键因素是创建派生变量的能力。高级用户都是程序员，他们会从一系列文件中找出源文件，然后创造新的变量。用最少的编程创建派生变量可以节约编程时间，而且能让没有编程能力的人也参与进来。

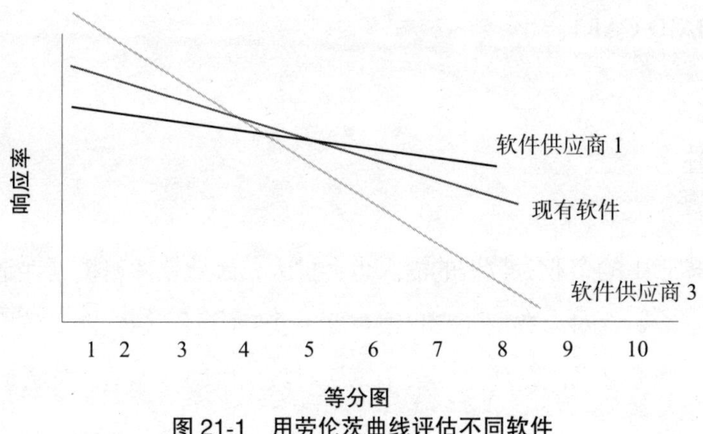

图 21-1　用劳伦茨曲线评估不同软件

他们要做的只是选择合适的接口模块，并按照以下步骤进行操作：

- 确定将来使用的源文件和字段及其范围；
- 链接合适的文件并使用合适的关键字；
- 运用数学和统计方法汇总和操作数据，使其变成其他变量。

即使软件能够实现上述功能，那些高级分析人员现在仍然依靠编程和技巧来完成这些工作。但是，随着数据挖掘技术的发展，这些不需编程的软件会被更多的数据挖掘公司使用。

另外，为了能派生出更多变量，这些软件在多个统计解决方案上应具有灵活性。无论线性还是非线性算法，都应该用以下技术来检验：

- RFM；
- 线性回归；
- 逻辑回归；
- 类神经网络算法；
- 遗传算法；

• CHAID/CART。

可扩展性

处于扩张中的企业对数据的需求也会扩大，因此软件可扩展性是重要的考量因素之一。这对大数据而言也很重要。我们需要了解软件对数据容量是否有限制。我们必须清楚特定的数学算法对数据量的增加是非常敏感的。

输出可能性

某些应用软件的输出常常作为其他应用软件的输入，比如 Excel、Word 或 PPT。输出数据到常用的商业软件有多容易？在数据挖掘实践早期，这项工作确实很烦琐，从统计软件到其他常用软件，经常要剪切、粘贴和手工输入原始输出数据。现在，原始输出可以直接输入到 Excel 文件中。这极大地节省了时间，让数据挖掘者有更多时间做分析，而不是整理数据。除了输出到其他应用程序的可能性，输入也必须纳入考虑。比如，软件如何兼容不同格式的数据，如用逗号隔开或用制表符隔开的数据、SPPS 数据库以及 SAS 数据库等。

报告和诊断

在寻找最佳解决方案时，软件生成正确报告和统计诊断的能力也很重要。软件应具有灵活生成报告的能力，好让终端用户轻松使用。另外，这些软件也必须具备在用户只做最小干预的情况下生成标准报告的能力。

任何一款统计分析软件都应具备充分的诊断能力以便用户精确比较不同的算法。比如，线性回归中的 R^2 或者逻辑回归中的和谐 / 非和谐配对率在比较不同统计算法时代表不同的度量标准。这些软件最重要的报告是某种算法对业务的影响。在构建模型或目标算法时，可以使用先前讨论过的增益表或等分表。

增益图可用来展示应用于某项营销活动的响应模型基于响应率细分出来的顾客群体有何不同。同时，回报和成本的数目可以把响应率的好坏转换为投资回报率。而投资回报率可以用来挑选某项营销活动中预期回报最高的顾客。

从商业分析师角度看待软件

近来软件技术的发展使得分析师可以自己进行分析。这些分析不需要高级用户（比如统计学家或数据挖掘师）的介入，但分析人员同样能从以前的营销活动中得出重大发现或获得商业创意。为各种营销活动生成结果，或进行点对点分析都不需要精确的分析。而用户创建交叉表报告，就可以获得针对特定商业问题的必要信息和洞见。用户不再需要编写程序代码来生成报告，仅仅使用图形用户界面就能生成合适的报告。但是，用户必须了解数据的功能，比如什么信息是用来测量绩效的，以及如何看待这些指标。比如一个关于收入（绩效测量）的报告，里面的观点就是基于性别和地区提出的。

这就意味着企业需要购买软件，也就是商业智能软件。软件背后的技术是数据立方体，这些立方体理论上代表了预设的数据查询，这些立方体的设计要考虑到所有可能发生的数据查询。

在评估这些软件时，首要考虑因素就是便于使用。也就是说，分析人员学会使用软件需要多久？便于使用可以让更多的用户使用数据。这种针对终端用户的增强意味着更多分析师可以直接处理数据，不需要再通过程序员生成程序。最后，信息和结果的快速转化有助于制定出更好的决策。

在设计报告中可供使用的变量范围是便于使用之外的关键考虑因素。显而易见，一个更广的变量范围在生成报告时会更加灵活。

选择软件时，根据企业需求，考虑的重点不尽相同。比如，公司刚开展分析时，会选择像商业智能软件这类简单的工具，它们能处理几个有限的变量，但便于操作。有分析技术积累的公司，则不太会注重操作简便，而是关注软件中可用的统计工具的种类。做任何购买决策时，价格将永远是重要考虑因素。在购买决策中，价格的重要性取决于别的考虑因素的重要性。

为企业选择软件并不是一件简单的事情，因为需要深刻理解企业的分析需求。理解了这些需求，分析人员就可以为优先考虑因素排序，以便选择满足企业需求的软件。

第 22 章

社交媒体分析

重新思考莎士比亚名著《哈姆雷特》(*Hamlet*)中的经典台词“生存还是毁灭”，就能抓住分析问题的核心及其在社交媒体中的意义。由于媒体行业的本质，隐私的意义、消费者敏感性和洞察力变得越来越复杂。这是什么意思呢？传统认识上，只有消费者和企业发生互动时，才会产生隐私问题，消费者担心互动信息被用于营销目的。《个人信息保护和电子文件法》明确规定了营销人员应该如何使用消费者和企业之间的信息。

但社交媒体将以上讨论推向了全新的层面。消费者在他们的社区中，与别人和组织都有互动。比如，我是加拿大帝国商业银行（Canadian Imperial Bank of Commerce，CIBC）的一位重要客户，在 Facebook 上回应了一条关于注册退休储蓄计划的广告。我回复的信息自然会被 Facebook 获得，现在，Facebook 截获了我在社交网络回复的内容。例如，我在论坛中和朋友谈论了我的圣诞节计划，这对于 CIBC 营销人员在圣诞节时推出适当的产品极具价值。请记住，我是 CIBC 的顾客，银行只是努力用最好的方式为我服务罢了。他们针对我所采用的最佳营销方式来源于我在 Facebook 上的互动信息。现在，Facebook 拥有数据，但似乎不会将客户的个人信息交易给大银行。从这个意义上说，这些信息受到了管控。更重要的是，银行或其他讲究伦理的领先商业组织绝不会辜负顾客的信任，也不会使用顾客在社交网络上的信息。然而，法律并没有明确规定企业到底应该如何使用社交媒体上的信息。

微博上的隐私问题更加复杂，因为任何人（包括企业）都可以免费获得这类信息。在这种环境下，企业可能获得在微博上互动的所有用户的信息。当然，企业的目的是让用户参与企业的营销活动。如果某个组织的用户响应了企业活动，该用户很可能会暴露他或她在组织中的身份。同时，用户的注册信息也会联系到他（或她）的记录，这实际是允许组织在微博上收集个人信息。很明显，当提到保护隐私时，这种缺乏监管的信息环境为各种信息滥用大开方便之门。该领域的信息保护还没有明确的答案，但是相关从业者应该意识到这个问题，因为这些信息对他们有用。

如果隐私问题能够解决，组织获得用户社交媒体的信息能力将直接转换为更有效的营销方案。对所有数据来说，能够产生的最大利益在于针对个人行为进行分析和按照分析结果行事。

从定位客户的角度来看，任何预测模型都应包含附加变量。除了定位方面的好处，社交网络还可以告诉企业如何与特定组织的用户沟通得更好。比如，分析社交网络的一个主要目的是通过分析社交活动的记录，辨别出最具影响力的人并将其从追随者中区分出来。个人社交网络中联络的次数和朋友数量，他们直接联系朋友以及朋友直接联系他们的次数，这些都能用来辨别影响者和追随者。例如，通过分析一段时间内个人的联络活动，检测用户社交的深度和广度，企业就可以辨别某个人是影响者还是追随者。广度意味着个人社交的范围，深度意味着个人与他人联络的层级。各种衡量指标和指数可供分析师创建一个“影响者分值”。这类分析是区分影响者和追随者指标（指数）的分界值。

一旦我们基于社交网络行为把顾客分为影响者和追随者，就可以针对这两类人群制定不同的营销策略。用同样的方法，在传统的客户关系管理项目中分析最近消费频率和金额，营销人员就可以确定相似的、关键的社交行为。比如，平均访问时长，每天在几乎相同的时间登录，在特定时间段的登录频率等，都可以用来分析消费者的付款行为。非 RFM 行为也能从影响者和追随者中检测出来。通过探索个人所属的不同用户群体，这些行为还可以继续深入分析。

社交媒体分析的另一个挑战是对营销贡献大小的评判，即有多少投资回报率可以归功于社交媒体。对于这样的问题目前是没有答案的。除非社交媒体活动可以直接让人登录网页为某项产品或服务注册，否则很难确定有多少销售额应归功于社交媒体。即使有这样的功能，也会有人争论，那些没有注册的 Facebook 用户，也许是通过商店、电视或 Facebook 讨论页面付款的，同样增加了销售额。相同的问题同样存在于广告行业，然而，社交媒体的优势正在于决定了访问粉丝页面或讨论区人数的基本特质是已知的。在大多数情况下，我们不能直接把社交媒体带来销售额归因于个人，分析人员只能提供一般性的信息，比如活动是否有提升了参与度，这些额外的参与是否转换为了额外的收入。

在参与度方面，登录粉丝页面或讨论区的人数、浏览时间等指标能够反映参与度，这些指标也能与其他社交媒体比较来决定成功程度。同样的，社交媒体活动的坊间分析也能影响销售额的增加。将活动周期分为社交媒体应用程度高、中、低三种，可以让业务人员看到社交媒体营销对销售额的影响。但是，人们不能把投资回报率直接追溯到某个社交媒体活动上面。唯一能得出的结论是这项活动比别的活动多出了 X% 的参与度。这 X% 的参与度转化为了增加的销售额，但具体数据是无法确定的。

假如隐私问题得到解决，颗粒型分析（例如捕捉个人社交媒体行为的分析）将受到销售人员的青睐。当然，并不是说有意义的分析不能做，除非能解决隐私限制的问题。

社交网络的所有记录都能用来分析，不需要知道记录的名字和地址。比如，按照上面介绍的，影响者和追随者可以分开，即便不知道个人记录的分类。通过检测影响者和追随者上网的习惯，记录会被分为不同的用户群体。这里的不同在于定位用户的营销活动不能针对个体用户。要想制定合适的传播策略，必须深刻了解像影响者和追随者这样不同的用户群体。企业要做的不再是为所有用户发送同样的信息，而是为不同的社交网站和不同社交媒体的用户群发送合适的信息。

随着社交媒体市场的发展，分析的可能性也逐渐扩展，但隐私问题必须予以解决。除了深入研究如何使社交营销与企业的营销策略相匹配，营销人员还必须掌握数据分析，知道如何使用数据分析才能适应社交营销策略。

Data Mining
For Managers

How to Use Data to Solve Business Challenges

第 23 章

信用卡和风险

菲尔艾萨克公司

信用卡出现于20世纪四五十年代，发展到后来必须引入相关技术和流程来降低普遍的信用损失。

大部分责任应归于这些企业的信贷和征信业务。商业规律就是这样：如果某人的信用达到了一定层级，就会有各种各样的程序去降低债权人的风险。比如，公司打电话向客户表明客户现在信用风险状态堪忧，如不能及时偿还将会关闭账户。这些程序有效地降低了信用损失，但是从信用公司的账本来看，损失仍然巨大（有时估算额甚至会达到1千万美元），因此公司高层必须考虑采用其他技术和方法来降低损失，哪怕只是最低限度。账本上少损失5 000万美元的1%，意味着直接节省50万美元。利用在这种尺度减少损失的方法，企业也开始考虑其他方式来降低风险。

一种可行的方法是针对高风险客户使用统计技术（即多次回归）。第二次世界大战期间，人们用统计技术根据以往历史预测敌人的行为和策略。这些措施的成功让企业经理坚信统计技术是一种极有潜力的商业工具。

对这些商用工具的需求促使菲尔艾萨克公司（Fair Isaac Corporation）成立。该公司使用统计技术（如多次回归）创建了得分系统，该系统可基于个人先前信用行为计算出风险得分。在这个系统中，个人申请信用卡时，银行将告知他们的信用历史将决定信用卡能否获得批准。同时，如果申请成功，他们今后的信用信息将会被周期性地评估。

对于新的申请者，银行批准信用卡的程序还包括将个人得分和事先选定的最低得分相比较。得分高于最低得分的申请人将获得信用卡，低于最低得分的会被拒绝。

第 23 章

信用卡和风险

用户的信用卡信息会被发送到菲尔艾萨克公司，公司根据与用户信用卡记录相关的信用历史更新得分。这些得分并不能取代高风险用户信用业务规则和程序，而是其补充。有了这些得分，信用卡公司就能获得额外的信息，并最终提升他们的决策能力。这些成熟技术细化了高风险用户信用业务规则和程序。像其他健康的企业一样，信用卡公司将这些新规则和程序与现行制度相比较，以决定其对业务的整体影响。评估完成后，这些新规则开始实施并被证明是成功的，正如菲尔艾萨克公司仍然活跃在商业界，而且被看作处理信用风险的高手。事实上，该公司实力最有力的证明是其模式的长寿。某些模式和相应的得分已使用了 5 年而且没有重大更新，有一些甚至达到 10 年之久。

菲尔艾萨克公司的成功促使其他企业也变得长于此道。企业意识到了预防损失的重要性，开始招揽自己的统计学家和数学家，这样就能让数学专业知识服务于商业。企业开始结合菲尔埃萨克公司解决方案开发自己的工具，以加强自身信贷业务的决策能力。

在加拿大，可作比较的公司还有艾可发公司（Equifax）和全联公司（TransUnion），他们也提供信用咨询和基于得分的数学分析服务。艾可发 • 贝肯（Equifax Beacon）得分是受到普遍认可的信用风险得分，用于评估用户的信用。除了用户记录得分外，这些企业收集用户信用数据并创建了大型用户数据库。这些有利可图的活动可以让这些企业出具个人信用报告。考虑到已经得到消费者认可，任何可以提供贷款产品的金融机构都可以获得潜在申请人的信用报告。信用报告就是一份记录了个人信用历史的记录。通过使用客户记录中的关键信息，公司可以综合信用得分和信用历史，最终作出信用卡审批的决定。例如，信用卡申请者必须拥有 650 分以上的信用得分，而且在过去 12 个月中只能有一次在 60 天内未及时还款。

事实上，信用得分在评估信用违约方面的成功已经影响到了 B2B 市场。邓白氏公司（Dun and Bradstreet）提供这方面服务已经很多年了。Paydex 得分（用于评估公司支付违约的可能性）作为一项关键指标，供公司决定是否提升其他公司信用等级时使用。除了 Paydex 得分，邓白氏公司还收集了一系列支付信息，被工业领域转化为指数。除了支付历史（属于行业级别的信息），和公司有关的统计信息也是可用的，比如公司规模、制度、销售额和所在行业等。企业可以将这些信息用于商业决策，并且开发用于控制风险的模型。

信用风险和营销行为

尽管最初的数据挖掘技术发源于信用行业，但是这些技术应用到营销领域之后，也使得营销人员开始利用信用风险信息制定决策。信用风险行为表现出强劲的预测客户行为的能力。从营销角度来看，特定的个人信用模式会影响一个人购买产品和服务的决策。最好的例子就是信用卡行业。在建立模型预测响应或者预测一个人填写信用卡申请表可能性的过程中，我们发现最有潜力的客户也更喜欢申请信用卡。这些申请信用卡的人事实上是高信用风险客户。这一点在首次响应模型很好地预测了潜在客户填写信用卡申请表时，得到了充分验证。然而，平均批准率（信用卡公司需要审查信用报告，然后决定拒绝还是批准）在应用了这些模型之后急剧下降。下一步就是建立模型，用于提高客户填表的可能性以及他们获得批准的可能性。

除了信用卡的例子，还有其他例子可以证明营销与信用风险之间具有很强的关联性。在汽车和房地产保险业中，购买可能性与良好信用行为之间成正相关关系。从赔偿风险的角度来看，高信用风险会增加赔偿的风险。与此同时，保险客户的保留行为通常意味着，高信用风险的客户更容易流失。

激发式行为和欺诈风险

在数据挖掘界经常说的一个面向营销人员的核心概念就是激发式营销。激发式营销就是鉴别不常见的购买行为的营销行为。例如，某位客户每个月的消费额通常是 100 美元，但是在过去 3 个月中，其每个月的消费额变成了 500 美元。显而易见，这位客户的行为发生了变化。这类数据对营销人员来说非常有价值，因为与这种变化相关的产品和服务永远都是营销中的优先选择。激发式营销的例子在历史中随处可见。确切地说，生命阶段就是激发式营销的一种形式。

根据客户的情况和所处的不同生命阶段，客户需要的服务和产品也不一样。因为大多数企业都有成千上万名客户，挑战在于确定每一个人的生命阶段和状况。运用营销数据库能够简化这个过程，但是这并不能得到完美的结果。例如，诸如年龄、性别、家庭成员数量、受教育程度、收入、职业等关键信息并不一定包含在数据库中，很可能数据库中很多字段值已经缺失。精确判断一位客户的生命阶段完全取决于数据。根据数据环境，营销人员可以在更广的范围内推断出客户所处的生命阶段。例如，营销人员可以观察 60 岁以上人群以及他们购买产品和服务的模式。他们可能会发现该客户群体在过去两年中消费额下降了 50%，但是却一直保持着这样的消费水平。这个发现的重点在于消费水平大幅下降，但是这种下降趋势是一次性的，并没有对购买行为产生持续影响（那样才会造成客户彻底流失）。营销人员可以推断这群超过 60 岁的人是退休人员。尽管这也许并不是这群人的真实状况，但是营销人员可以设计一个推荐退休产品和服务的沟通策略，而不用直接确认他们是否已经退休。

另一个例子是已经结婚的客户消费额忽然增加。进一步分析其消费模式可能会发现，客户购买的大多都是婴幼儿产品。这时，这类信息可以用来制定特殊的策略来应对这种生命周期的变化。

尽管开发和执行激发式营销计划是一种新出现的现象，但激发式营销影响消费者细分的概念并不新鲜。例如，信用卡出现之后，防欺诈模型就一直存在。商业人士看到了及时辨别欺诈并阻止欺诈所带来的巨大利益。我们之所以具备这种能力是因为我们能够发现非同寻常的消费行为，并在消费发生时对账户进行标记。也就是说，在用户使用这张卡时，标记会告诉商户在接受这笔交易之前需要进行一番调查。进一步的调查是给信用卡公司去电询问情况。但是，创建这个欺诈标记最重要的地方在于发现非同寻常的消费行为。不同企业的标准不一样，但是大体上，目标都是辨认出与正常行为差异很大的消费行为。使用简单的变量分析可能是一种检测异常行为的方法。这种方法的有效性建立在它能够根据目前的规则辨认出多少欺诈行为的基础上。利用情感分析，我们可以确定使用不同触发器能够捕获的实际欺诈的比例。欺诈率是指观察到的欺诈数量除以实际的欺诈数量。表 23-1 就是一个例子。这里，确认合适触发器的原则可能是 1 标准偏差。在 1 标准偏差之下，出现了边际改进（欺诈数量提高了 10%），但是欺诈率降低了 25%。

表 23-1　不同标准偏差之下的欺诈辨别情况

标准偏差数量	样本中实际欺诈占比	欺诈率
0.5	90%	45%
1	80%	70%
2	50%	75%
3	25%	100%

除了变量分析外，这可能是一种便捷快速的方法，分析师会使用这种更

加稳健的预测模型方法。这种方法能够辨别出一段特定的时间内记录中的欺诈行为以及非欺诈行为，然后辨认出这段时间之前记录中特殊的人口统计信息和行为信息。用这种方式处理信息能够帮助分析师辨认出那些关键行为和人口统计信息，从而预测出在某些时间段内发生欺诈的可能性。确定时间段对这些模型非常关键。例如，后欺诈时间段可能代表了客户向企业举报欺诈的时间。本例中的前欺诈时间段非常短，可能只包括举报欺诈前一个月的消费。对那些不是欺诈的行为来说，前时间段可能就是当前月的活动。从直觉的角度来看，重要欺诈行为仅发生在发现欺诈的数个小时之间。问题在于，信用卡消费从本质来讲是不稳定的，因为很多商户都接受信用卡。因此，我们需要确定一个时间范围，以降低这种不稳定性。我们怀疑的行为需要在一个时间段内接受基准测试，从而体现出一个人合理的购买行为。换言之，期待客户每个月使用信用卡是否合理？或者他们会不会用得更频繁？

通常来讲，我们可以预期优质客户每月都会使用信用卡，可以将一个月作为欺诈监测的消费时间基准。判断一条记录是否为欺诈的真正界限是欺诈率超过了企业可以接受的范围。在如表 23-2 所示的例子中，前 20% 的记录就有可能被认为是欺诈。无论使用哪种方法，解决方案和决策都可以根据方法的效果判断有效性。

表 23-2　欺诈模型等分表

基于欺诈模型得分的客户占比排序	最小欺诈得分	平均欺诈率
0% ~ 10%	0.051	4.40%
11% ~ 20%	0.045	4%
21% ~ 30%	0.042	2.90%
31%- ~ 40%	0.038	2.70%
…		
91% ~ 100%	0.0045	0.50%

第 24 章

数据挖掘在零售领域的应用

零售商简史

从最基础的层面思考消费者及其行为时，我们最先想到的通常是买家与卖家之间的交易。消费者营销的核心就是售卖给消费者需要的商品。早期，买家与卖家在公共场所进行交易。交易主要通过以货易货的形式进行，并且买卖双方会在交易中变换角色。后来，商品和服务需要以某种形式的通用货币来购买，不再进行以货易货。货币成为主要的交易工具之后，出现了一些正式的组织，例如商店。

一种早期的商店类型是夫妻店。这些商店为本地社区服务，消费者人数不多，商品种类和数量也很有限。这些商店有点类似于现在的贝克家（Becker's）和 7-11。在这些商店中，卖家通常认识自己的客户。歌词“这里每个人都知道你的名字”和电视节目《欢呼》（*Cheers*）代表了这些商店的零售哲学。在这种家庭经营的商店中，我们能够看到客户关系管理哲学的应用：这里盛行一对一营销。

随着人口的迁移，城市以及城郊地区出现了，夫妻商店演变成了我们熟悉的更大的零售商店。这时，一对一营销已经不可能实现了。取而代之的是大众营销——同时向一群人推销产品和服务。然而，尽管大众营销这种方式在零售界非常盛行，但它本身也存在局限性。零售商在许多方面都面临着巨大的竞争压力，例如价格、信息传递、忠诚项目，以及更重要的一点——因为消费者还有其他诸多需求要花费时间，所以在接收零售商信息时缺乏耐心。

第 24 章

数据挖掘在零售领域的应用

零售业现状

零售商是如何适应这种新形势的？了解到数据以及数据分析是了解客户从而为之提供更优质服务的关键之后，零售商开始通过一些改进实现自己的目标。与银行业和保险业相比，零售商面临一种更加特殊的挑战。银行以及保险交易都可以获取电子信息，而且这些信息都是个人信息。这些信息都在一个账户下，获取之后可以直接生成客户个人信息。例如，某位客户的存款、提现、借款、投资以及信用消费行为都可以综合观察，然后就能得到这个人整体金融行为的营销信息。与此类似，保险公司的营销人员通过分析投保人的个人信息、索赔以及保险费，然后就得到针对一群投保人的营销方案。这些都建立在从保单号码中获取行为数据的基础上，这个号码的作用类似于银行账户。

零售业挑战

尽管如此，对零售企业来说，即使有忠诚项目，营销也不是一件简单的事情。举个例子，假设零售商 XYZ 对 20 万名客户开展忠诚项目。忠诚项目中的客户交易信息通过购物时出示的卡片获取。假设在店员的鼓动下，某位客户在商店使用会员卡购买了一双 100 美元的网球鞋。假设一周后，同一位客户又在另一家商店使用运通卡购买了一件 200 美元的外套。我们假设，因为店员没有提醒，客户忘记了使用会员卡。美国运通公司为了记账，会获取这笔运通卡交易的卡号、交易金额以及日期信息。但是零售商 XYZ 如何得到这种个人信息呢？答案是零售商无法获取，只有通过会员卡进行交易得到的数据才能传递给零售商。

如何将非个人信息应用于零售业

那些没有出示会员卡的运通卡交易或者其他交易呢？这些信息有用吗？答案是肯定的，但是我们需要用另一种方式来处理信息。在使用运通卡的情况下，运通卡会员的交易可以与商店中的其他运通卡交易划为一组。我们很轻松就能建立商店统计数据，例如运通卡交易占所有交易的比例，并且可以在某个时间段内进行统计。这种方法同样适用于其他支付工具的统计，例如万事达信用卡、Visa 卡或者现金。现金交易可能没有电子记录，因为这种交易支付的是货币。尽管这种信息不能记录，但是商业活动中的现金交易数量仍然可以统计出来，因为总交易额以及其他支付方式的交易额是已知的。现金交易总额就是所有交易总额减去非现金交易总额。

获得了这种信息，就能找出创造最高价值的商店。为了计算这个数字，分析师不会将店面大小作为评判价值的标准。显而易见，单位面积的平均交易量是判断一家商店价值的标准。找出高价值商店后，分析师就能发现支付方式是不是店面创造高价值的决定性因素。

利用加拿大统计局的数据，分析师能够在这些高价值商店周围划分出交易区域，这些区域的人口统计学特征以及其他数据可以综合起来进行分析。经过分析，营销人员可以找出关键人口统计学特征，从而将高价值商店与普通商店区分开。这些信息可以应用在很多方面：

- 锁定生活在高价值交易区域或可能的高价值交易区域的目标客户；
- 在可能的高价值交易区域开辟新商店；

- 关闭低价值交易区域的商店；
- 根据生活在高价值交易区域客户的人口统计学特征制订商店计划。

尽管只能获得整体数据，但是营销人员依然可以利用这些信息制订商店计划和战略，从而吸引更多新客户。

利用会员卡信息

如前所述，忠诚项目中累积的个人信息以及更加稳健的技术（例如预测模型）可以应用在个人层面。交叉销售、追加销售项目以及客户保留项目能够根据定制的预测模型，为特定的客户忠诚项目找出关键的细分客户。

对这种类型的分析来说，一个需要重视的因素就是会员卡消费是否代表了客户的全部消费行为，以及如果根据会员卡交易作判断，全部交易行为与会员卡交易之间的差别是否会使结果出现巨大的不同。市场调查能帮我们更好地理解这两者之间的差别。数据挖掘师往往会坚称，市场调查中客户所说的与通过数据库获取的客户的真实行为有很大差别。面对这种困境，挑战在于既要对这种局限性了然于胸，还要将数据挖掘技巧应用于会员卡客户行为数据上。营销人员发现，与其将时间花费在解决这种差异上，不如专心利用已知信息。这时，营销人员应当重点关注某位客户的忠诚行为。换言之，即使某位客户在现实中是零售商 XYZ 的忠诚客户，但是由于他是低价值会员卡客户，我们在忠诚项目和其他促销活动中仍然应该将其划分为低价值客户。客户的整体高价值行为无关紧要，因为这个无法应用在客户关系管理项目中。

利用信息制定产品战略

零售业关注的是产品动态。零售商的主要目的是清理库存并建立恰当的库存控制程序。数据挖掘能够实现这一目标，并帮助零售商针对某家商店制定产品战略。那么，数据挖掘师能够获得什么样的数据，这些数据又如何利用呢？个人信息是用于数据挖掘和分析的最佳信息，因为提高信息的粒度水平就能更充分地利用这些统计信息。在商店中，信息是以个人为单位统计的，但是店面记录却是按照交易水平而非个人信息统计的。这时，交易就成了分析师的重点，因为零售商关心的是交易项目中发生了什么。零售商希望知道某笔交易中客户购买了什么类型的商品。更重要的是，有没有什么类型的商品是捆绑购买的？这些商品之间的关系会不会因为商店类型不同而有所改变？

通过店员观察以及店面统计报告，我们能够得到产品销售信息，还有更重要的信息——某段时间内商品销售情况的变化。但是，如果商店中有成千上万种商品，每个月会发生成千上万笔交易时该怎么办？这种信息仍然可靠吗？答案是肯定的，数据挖掘能够发现通过个人观察或者标准报告发现不了的模式，从而补充一些信息。通过严格的分析，数据挖掘师能够得出某笔交易中独特的商品组合模式。例如，假设有人购买了产品 A，同一笔交易中最有可能同时购买的商品是什么？利用商品吸引力和购物篮分析，零售商能够为特定商店开发出商品捆绑销售战略。这些战略可能非常简单，例如将具有高吸引力的商品放在一起，并且在店内针对捆绑销售的商品做促销活动；或者在结账时，店员可以根据客户购买的商品推荐其他商品。

数据挖掘取得成功的一个重要方面就是将信息视为有价值的企业资产。这一点对零售业来说非常重要。但是，只有在零售商明白这些信息不仅是一种资产，同时也是一种竞争优势时，他们才能充分意识到这种重要性。有了这种心态，零售商就能真正让自己的商品和服务在竞争中脱颖而出。

活动管理系统

这本书当然会强调数据作为成功基础的重要性。但是在大多数情况下，真正的挑战在于企业管理数据的方式。很多时候，数据应用在怎样调动客户和促进他们与企业的互动上面。开发活动管理系统能够提高企业的促销管理能力和客户响应信息管理能力。举个特殊的例子，客户已经能够比较精通地使用预测模型技巧来销售自己的保险产品。这家企业（一家零售商）的许多保险产品都是通过不同的供应商销售的，但是销售时根据的是零售商的信用卡客户数据库。信息丰富的信用卡客户数据库成为了一种非常有竞争力的资产，因为每家供应商都希望将产品销售给预测模型判断出来的最佳客户。如果不设置规则，那么每家供应商都会向同一批客户推销产品以期达到最佳效果。但是在非常短的时间内，就会出现“列表疲劳”，并引起客户投诉。为了阻止这种状况，企业应该建立一系列随机的规则，要求每个供应商 12 个月内只能对这些客户发起一次促销。那么，这种限制是否合理呢？在不进行分析的情况下，这个问题很难回答。零售商明白，要回答这个问题，必须建立一个活动管理数据库。也就是说，企业需要记录客户对促销频率、促销周期以及促销类型的响应信息。除此之外，企业需要跟踪促销效果——客户是否响应？如果没有响应，为什么？接下来的挑战就是建立活动管理数据库，这个数据库有助于确定最佳的促销次数、促销时机、促销类型，以及实际的促销结果，从而达到优化活动结果的目的。

首先需要进行的是基本需求分析，充分掌握当前的数据环境信息。过去建立模型的经历让分析师明白，数据环境信息非常重要。然而，理解信息是如何在零售商以及保险合作者之间传递的，这一点也十分重要。这就意味着一旦进行一种活动，就必须理解以下几点：

（1）在各种保险模型中标记客户之后，创建最佳客户名单需要进行哪些活动或者步骤？

（2）有了活动反馈之后，需要分析哪些数据？

- 如何追踪应答者，他们如何向零售商的数据库提供反馈信息，决定购物活动？
- 是否获取非响应者信息？如何记录？这与电话销售项目的关系尤其密切，因为电话销售员会记录非响应者的结果，例如号码错误、再次拨打、不再次拨打等。

（3）过去统计过这些活动信息吗？

在头两点中，细节调查能让企业得到项目计划和数据流程图。更重要的是，这个计划列出了数据是如何在活动管理数据库中出入的。然而，在第三点中，分析师观察不到优先活动的信息。从本质上讲，创建数据库正是为了获取这类信息。首先，这要求从数据库中获取正确信息；其次，需要列出如何在数据库中管理这些信息。从数据库中需要获得的主要信息如下：

- 模型行为；
- 促销行为；
- 倾向行为。

有了这些信息，分析师就能发现客户行为如何受到以下因素的影响：

- 改变模型行为；
- 促销时间、频率以及类型；

• 改变客户倾向行为。

因为信息处理速度不成问题，简单数据库里的组织结构非常简单，这个数据库正是为了存储这些信息。但是，尽管设计非常简单，对客户来说，其价值在于设计一个能够帮助零售商实现商业目标的程序，这个程序可以根据客户优先活动的历史信息作出最佳决策。表 24-1 展示了建立这种程序 9 个月后的结果。

表 24-1　采用特定数据挖掘技术 9 个月以后的回报表

活动	参与人数	销售数量	总成本（美元）	单位销售成本（美元）	每位客户每月的平均保险费（美元）	月数	
1	20 000	285	32 000	112	2.10	53	预建模
2	20 000	303	32 000	106	2.34	45	—
3	40 000	1 134	64 000	56	4.17	14	只建模
4	30 000	1 209	50 000	49	4.40	11	—
5	30 000	1 084	54 750	51	4.06	12	—
6	15 000	806	30 446	38	3.89	10	—
7	15 000	757	28 442	38	4.79	8	建模与联系人管理
8	15 000	727	26 678	37	4.72	8	—
9	15 000	690	28 064	41	4.10	10	—
10	15 000	725	27 225	38	5.07	7	—

表 24-1 展示了这个系统如何从整体上改善了结果。将每位用户的平均保险费作为关键标准，在给定项目成本的前提下，可以建立一个新的标准，以决定花几个月的时间能够突破一个营销项目。显而易见，响应者较少且保险费用较低的项目需要更长的时间来收回成本。在这个表格中，在运用模型之前，收回成本几乎用了 50 个月的时间。运用模型之后，时间大大缩减，减少为 12 个月。开发模型能够带来最大的回报是因为之前没有分析过这个

活动。后续分析也会带来新的回报，但是效果不如第一次，因为参考点现在已经变成了模型活动而不是随机活动。引入活动管理系统确实可以将收回成本的时间从 12 个月缩减为 8 个月。随着零售商一直使用这个系统，他们会获得更多有价值的洞见，从而不断优化这个标准。

Data Mining
For Managers
How to Use Data to Solve Business Challenges

第 25 章

B2B 案例

本章的情况与上一章不同，直接客户变成了小型或者中型企业，不再是个人。我们讨论的企业（一家快递公司）希望重新确立营销重点，并且开展客户关系管理项目。如前所述，管理者首先需要确认企业的最佳客户，描述他们从而更好地理解其需求。但是在创建确认最佳客户的标准时，为了简化，只考虑了消费数据。这个看似简单的标准无法轻易获得。消费行为通常都是不定时的，并且数量较少。这时，第一个挑战就是为一家中小型企业购买该公司快递服务的行为建立恰当的时间框架。也就是说，活跃客户是在 1 个月内发生 1 次购买行为，还是在 3 个月内或者是 6 个月内，等等。只要能够确定时间框架，企业还是可以将这个消费标准作为客户价值的替代值，尽管它只是一个简化的指标。

分析活动的下一步（除了按照价值将客户细分，并找出最佳客户之外）是将客户按照最近的行为进行细分。客户增加了购物模式还是减少了购物模式？这些模式可以检测到吗？根据价值和行为进行细分时，我们一般采用价值行为细分法（Value/Behavior Segmentation，VBS）。第一个挑战就是找到消费行为的恰当时间范围。这是为了考虑不同时间框架内的消费模式，并且观察这些模式是否具有稳定性。然后我们需要将这些时间段分为前期和后期，从而监测前期和后期两个时间段内的行为变化。例如，如果以一个月为时间段，分析师会观察某个月的消费活动，然后与下一个月的消费活动进行比较。类似的，如果以 3 个月为时间段，分析师会先观察某 3 个月内的消费行为，然后与后续 3 个月时间内的消费行为比较。在决定时间段时，有以下几种选择：

- 1 个月；

• 2 个月；
• 3 个月。

然后，根据消费模式，客户可以分为以下五个组别：

• 增长者——根据前、后时间段内的消费数量和金额，消费行为变化幅度在前 10% 内的客户；
• 衰退者——根据前、后时间段内的消费数量和金额，消费行为变化幅度在后 10% 内的客户；
• 稳定者——不属于前两组，但是在前、后时间段内均发生消费行为的客户；
• 活跃者——在前一时间段内没有发生消费行为，但是后一时间段内发生消费行为的客户；
• 流失者——在前一时间段内发生消费行为，但是后一时间段内不再发生消费行为的客户。

表 25-1 展示了最终结果。

表 25-1　检查不同的前、后时间段以确定恰当的时间段

	第 1 月（美元）	第 2 月（美元）	第 3 月（美元）	第 4 月（美元）	第 5 月（美元）	第 6 月（美元）	选择 1：1 个月	选择 2：2 个月	选择 3：3 个月
记录 1	100	0	0	200	0	0	不活动者	流失者	增长者
记录 2	300	0	200	150	0	75	活跃者	衰退者	衰退者
记录 3	500	400	300	0	0	0	不活动者	流失者	流失者
记录 4	0	200	0	0	50	0	流失者	活跃者	衰退者
记录 5	0	0	0	50	75	100	稳定者	增长者	活跃者
记录 6	700	600	500	400	300	200	稳定者	衰退者	流失者

（续表）

	第1月（美元）	第2月（美元）	第3月（美元）	第4月（美元）	第5月（美元）	第6月（美元）	选择1：1个月	选择2：2个月	选择3：3个月
记录7	0	0	400	0	300	0	流失者	衰退者	稳定者
记录8	0	600	0	400	0	500	活跃者	稳定者	稳定者
记录9	0	0	200	0	0	400	活跃者	增长者	稳定者
记录10	450	300	250	150	100	0	流失者	衰退者	衰退者

* 假设3个月是最佳的时间段。

该报告观察了12个月内的三种不同的时间段（分别以1个月、2个月、3个月作为时间段），展示了评价时间段的过程。为了简洁，报告仅展示了10条记录。实践中，往往会评估上千条记录。尽管该表直观地显示了最佳的时间段，但实际上仍然需要使用统计技术，尤其是当时间段变长，细分定义为常量（也就是进行方差分析）时。

在这个报告中，如果选择1个月的时间段，就是将既定客户（中小型企业）进行恰当细分。将时间段增加至2个月，对同一组客户来说，细分定义变化不大；时间段增加至3个月时，会继续发生变化。如果选择4个月和5个月的时间段（表25-1中没有展示），细分定义就变为常量，始终与3个月时相同。这就是说，最佳时间段为3个月。相应的，3个月将成为细分企业客户行为的标准时间段。

确定细分值是这个过程的下一步。这家快递公司的B2B客户将根据过去12个月的消费量进行细分。表25-2展示了根据每年消费总额对客户所进行的排序。前20%的用户组成了高价值组，以770美元的年均消费额占年销售总额的68%。与此相对应的，低价值客户人数占据了大部分（55%），年均消费额为25美元，仅占该快递公司年销售总额的7%。

表 25-2 B2B 价值分组

分组	年均销售额（美元）	各组占总销售额比例
高价值组（前 20%）	770	68%
中价值组（20% ～ 45%）	230	25%
低价值组（45% ～ 100%）	25	7%

进行价值细分和行为细分之后，每个细分群体的机会价值都通过其价值的累计转化率进行计算。利用该快递公司的商业信息，我们能够推断每个细分群体的转化率，从而估算出每个价值细分群体或者行为细分群体的机会价值，如表 25-3 所示。

表 25-3 B2B 中两个细分群体的机会价值

细分群体	价值（美元）	转化率	机会价值
高价值增长者	800	1%	8
中价值增长者	350	10%	35

在这两个细分群体的基础上，中等价值的增长者代表比高价值的增长者更好的市场机会。对所有细分群体采用这种方法能让我们对所有价值 / 行为细分群体进行排序，从而让我们制订最佳的营销预算。

第 26 章

金融机构案例

背景

一家金融机构计划利用商业规则使普通信用卡用户升级为金卡用户。这家企业将客户保有期和地点作为关键细分标准，挑选出了客户名单。但是利用这些标准得到的目标客户的表现并不比随机选择出来客户更加突出。更重要的是，每升级一位金卡用户所付出的成本正在随着各种活动不断增加。这是一个需要解决的问题，因为企业的目标是大幅提高金卡用户的数量。

基于这些情况，企业需要一个能够在有效节约成本的前提下大幅提升金卡用户数量的解决方案。这家金融机构需要一种工具，例如预测模型，以获得以下优势，从而得到比目前选择客户标准更好的方案：

- 能够应用于那些不在选择条件（例如客户保有期和地区）之内的客户；
- 能够考虑到客户保有期和地区以外的其他变量和特征，从而实现优化响应率的目标。

挑战在于建立一个能够优化响应率的模型。

数据挑战

在理想状况下，开发预测模型最佳的环境就是在之前的活动中曾经接受过促销活动的随机样本。在这个特例中，几个月前举办的活动产生过一个 4 万人的随机样本。这个随机样本中的客户已经在某种程度上与企业进行过互动，因为他们已经拥有会员卡并且每月都有消费。在这个案例中，这个随机样本中的客户群每人每年消费超过 1 200 美元，或者每月人均消费超过 100

美元。这个活动的响应信息是随着包含普通卡账号的响应工具（应用程序）一起获取的。有了账号，就可以重新与邮件比对，从而区分出响应者与非响应者。将这两者与接下来的文件通过账号匹配起来，就能够得到下列信息：

- 包含个人信息（例如年龄、收入）的姓名和地址文件；
- 包含某一时期消费和不良行为信息的信用历史；
- 包含客户关系（例如贷款、储蓄 / 支票账户和 RRSP）的银行文件。

如前所述，在建立预测模型时，分析文件应当划分为前期和后期两部分。如果活动在 7 月终止，7 月之后唯一与建模相关的信息就是能否实现预期结果。其他所有潜在模型变量都只观察 7 月之前的数据。

匹配或链接文件并不存在难度，因为匹配条件是已经确定的账号。真正的挑战在于数据是否丰富，如何创建所有的潜在模型变量。建立模型时并不存在数据集市或者营销信息仓库。所有的信息都存储在传统系统中，也就是说，信息都包含在原始的交易信息和账单系统中。将数据组织并汇总成有意义的信息是一件非常繁重的工作，这一过程中大量时间都花在处理海量数据和创建变量（300 个以上）上面。除此之外，加拿大统计局数据中的 100 多个变量也通过邮编添加到了记录中。在整个过程的最后，分析文件中有 4 万条记录，其中因变量是响应，400 多个变量作为潜在预测模型变量被详细分析。利用之前（第 12 章）所说的建模理论，我们能够得到一个包含以下特征的金卡响应者解决方案：

- 行为得分高；
- 参与 RRSP 的可能性小；
- 喜欢旅行；
- 不在魁北克省居住。

除了锁定目标客户，特征变量能够针对不同的沟通方式（参与 RRSP 的可能性小并且喜欢旅行）提供一些有用的结论。

将模型中的名单砍掉 40%，也就是 20 万个姓名，模型将产出 9 600 万美元的回报。这也就意味着产生了机会成本，即在不建模的情况下向补充名单中的人进行促销，以得到与建模情形下水平相当的响应者数量。

建立表 26-1 是为了验证模型的有效性，并测试不同的沟通信息。很明显，大部分挑选出来的姓名都与测试沟通中的情况一样处于前五分之二，因为我们预期这些单元格中的客户表现最佳。

表 26-1　应用模型之后的营销矩阵

占文件百分比（按模型得分排序）	接收邮件者数量	测试格	控制格
0% ~ 20%	100 000	1 ~ 95 000	1 ~ 5 000
21% ~ 40%	100 000	2 ~ 95 000	2 ~ 5 000
41% ~ 60%	100 000	3 ~ 5 000	3 ~ 5 000
61% ~ 80%	100 000	4 ~ 5 000	4 ~ 5 000
81% ~ 100%	100 000	5 ~ 5 000	5 ~ 5 000

这项活动的实际结果很早就能体现出来，因为运营部门员工处理的申请数量一直在不断增加。活动的最终结果如表 26-2 所示。

表 26-2　实际测试结果

活动测试结果	真实响应率
模型化控制者（砍掉 40%）	1.87%
随机控制者（5 个单元格）	1.10%
应用模型带来的实际收益（美元）	112 000
发送邮件成本（每封 0.08 美元）	

Data Mining
For Managers

How to Use Data to Solve Business Challenges

第 27 章

在旅游和娱乐产业运用营销分析

分析和数据挖掘的重要性日渐凸显，这也促进了旅游和娱乐产业解决方案的开发。我们将运动作为娱乐产业的一个例子。像多伦多枫叶队、纽约洋基队这样的知名球队，不需要再费力气用最节约成本的方式吸引更多的粉丝到体育场观看比赛。这些组织的现实是他们提供的产品严重缺乏弹性，也就是说，产品价格的高低都不会影响粉丝对门票的需求。在这个领域使用分析或者数据挖掘毫无意义。

但是，对大多数运动组织来说，其主要目的都是用最节约成本的方式吸引更多的粉丝前来观看比赛。从历史角度来说，运动营销人员曾经尝试过批量制作广告的方式吸引粉丝观赛，增加票务收入。但是在增加门票销量的同时，成本也大幅上升。运动营销人员应当明白，粉丝之间是有差异的，就像标准的客户关系管理软件的广告语那样，“不是所有的客户都一样”。切实考虑到客户之间差异性的能力需要建立在数据的基础上，这取决于是否能够获取信息并将其存储起来。除非有人在售票交易终端收集购票者的信息，否则就无法针对后续活动中开展分析活动。了解这一点非常重要，因为一支球队的票务收入很大一部分可能都是由未经记录的交易行为创造的，例如在体育场或者棒球场用现金购票。这种收集数据的局限性对许多正在考虑使用分析提高营销效果的企业来说，无疑是一个障碍。为了能够进行有意义的分析，运动组织一定得想出获得客户交易信息的各种方法。

数字技术正使收集交易行为数据变得更加简单，因为在线支付使支付过程变得更加便捷。只要发挥创造力，营销人员就可以将获取数据的范围从购票扩大到购买特许商品以及周边商品。获取个人数据信息的能力提升之后，营销人员就可以开发出更有效的项目来增加票务销售，甚至其他销售。这种在线购物的增长趋势提高了营销人员获取个人数据的能力，更重要的是，提高了使用这种数据区分不同客户的能力。

我们再看看酒店业，这也是旅游和娱乐产业的重要组成部分。从历史角度来说，酒店客户的需求面非常窄，主要受到客户移动性的限制。过去，人群具有同质性，大多数人的需求都是相似的，但关于这一点存在争议。在如今更加复杂的环境中，客户需求则表现出更多的异质性。而让这种挑战更加棘手的是，匆忙的社会节奏使我们研究客户不同需求的时间变得非常少。但即使时间有限，技术进步还是能够使企业和其他社会团体用更少资源完成更多活动，客户期待不仅没有降低，反而在持续提高。

在旅游业中，客户并不把待在酒店当作一种不得已，而是将其视为重要的体验。诸如高级餐厅、夜间娱乐、SPA 以及研讨会之类的活动催生出一个新概念，即“客户体验”。我们很容易就能发现，客户对这些活动的喜爱程度不尽相同。显而易见，数据挖掘和分析可以帮助营销人员更好理解这些客户的不同需求。

我们的首要任务是判断客户价值，例如找出最佳客户。但是，就像许多其他分析活动一样，季节因素必须考虑在内，而且这一点对酒店业来说尤其重要。在许多项目中，营销人员都假设客户排序与季节无关。也就是说，一年中客户也许在许多时间点都会增加消费，但是这些消费之间的关系是保持不变的。大多数分析师都认为，在旅游业中，季节因素的影响非常大。例如，某人每年花费 1 000 美元旅游，旅行地点和时间都是随机的，那么这位客户可以看作普通客户。另一个人一年也花费 1 000 美元旅游，但是时间主要集中在 8 月份的某一个星期内，并且花在网球服务上面。因为消费水平相同，这两个人是否应当分在同一组内呢？很明显，答案是否定的。他们明显是两种类型的客户。进行分析时，考虑到有许多酒店在夏天提供网球服务和高尔夫球服务，冬天提供滑雪服务，季节因素就显得非常重要。除了季节因素，不同的客户可能喜欢不同种类的服务，因此也会影响其行为。高级餐厅和剧院也许受某一类客户的欢迎，而 SPA 和洗熨服务则受到另一类客户的青睐。由于客户旅游时的兴趣点不同，对客户进行细分可以帮助我们确认不同客户群体的需求和兴趣。旅游业专家当然知道市场中存在一些各不相同的客户细分群体。根据从客户身上获取的数据，企业就可以运用一些科学方法从客户数据库中找到这些与众不同的客户细分群体，然后就能够为这些细分群体制定专门的营销规划和活动。

Data Mining For Managers

How to Use Data to Solve Business Challenges

第 28 章

运用数据挖掘分析客户忠诚度

在营销领域中，客户忠诚度的定义多年以来一直备受争议。受争议的并不是“客户忠诚度”的字面意思，大多数营销人员都认为，忠诚度是指客户特别喜爱某家企业的产品或者服务。但是，在营销人员衡量或者评估客户忠诚度时，这个概念就会出现差别。

也就是说，营销人员必须首先定义用于衡量客户忠诚度的标准。有了标准以后，还必须确定当前数据环境中是否存在可以利用的数据来完成衡量过程。

RFM 能否准确衡量客户忠诚度

衡量客户忠诚度最常用的方法就是观察其之前的购买行为。一种非常常见、迅速且实用的方法就是 RFM 衡量法，其中：

- R 代表上次购买的时间；
- F 代表某个时间段内的购买频率；
- M 代表购物的货币价值。

将这些因素综合起来，就能得出 RFM 指数或者得分，从而衡量出每一位客户的忠诚度。得分越高，客户忠诚度就越高。许多客户忠诚度专家和权威人士认为这种方法过于简单，并不能准确反映客户忠诚度。他们认为用这种方法得出的许多 RFM 高分客户事实上并不忠诚，他们在遇到更好的选择时，根本不介意选择其他企业或者另外一个品牌。他们所谓的忠诚度并不是出于对企业或者品牌的喜爱，而是因为选择其他企业的同类产品和服务需要花费太多精力，承担太多风险。如果他们遇到更简单而且没有风险的新选择，这种微弱的忠诚就会迅速消失。

那么，拥有 RFM 高分却并不是忠诚客户这件事是否重要呢？如果这些客户（在大多数情况下）是为企业创造利润的主力军，他们的忠诚度是否重要呢？通常情况下，这些客户为企业带来的价值都会体现在所谓“最佳客户营销计划”中，但这个计划在选定目标人群时并不会考虑这些客户的忠诚度。

用营销计划提升客户短期忠诚度

无论一组客户是拥有 RFM 高分，还是价值高（或两者兼具），接下来的挑战都是获取营销活动效果的基本信息。这些活动的目的是增进客户对企业某产品或服务的喜爱程度，从而提高客户忠诚度或客户价值。评估这些计划最终效果的一种方法就是观察客户行为与过去相比是否有所变化。

客户行为变化可以从以下三个方面判断：

- 提升；
- 转变；
- 保留。

提升指的是客户增加对产品或者服务的使用量；转变指的是某个产品或服务增加了新客户；保留指的是某位客户购买既定产品或服务的水平保持不变。针对每一种变化，企业都可以通过评估客户行为来判断特定的营销活动是否会带来变化。判断这些行为的关键是为测试营销计划制定正确的策略。特定的客户群组可随机分为测试组和控制组；测试组代表的是参加营销活动的组别，而控制组则是不参加营销活动的组别。开展营销活动之后，对不同组别的表现进行比较，就能判断出营销活动是否产生了效果。

通过使用 RFM 衡量法，分析师能够找出那些拥有高潜在投资回报率的客户。针对高利润人群开展营销活动，能够对这些客户的行为产生积极影响。成功的营销计划测试能够帮助分析师更加确定地找出营销计划将给客户行为变化带来的影响。

定义客户长期忠诚度

尽管之前的购买行为是准确衡量客户短期忠诚度的标准，但是在衡量客户长期忠诚度时，还有其他不涉及购买行为的因素需要考虑。下列三种客户行为对客户长期忠诚度有着重要影响：

- 整体营销响应；
- 客户查询；
- 客户投诉。

整体营销响应指的是某位客户对一家企业所有营销活动的响应总次数。如果一位客户随着时间推移持续响应某家企业的活动，那么这一点必然可以作为衡量客户与企业互动水平的因素。这些响应行为可以与购买和其他活动联系起来。

客户查询在通常情况下是一种积极互动，因为这说明客户愿意获得该企业的信息。它表明客户和企业之间建立了一种信任。只要客户在查询过程中感受到了积极体验，那么这种信任就可以不断增长。相反，客户投诉是企业与客户之间的消极互动。每发生一次投诉，客户与企业之间的信任都会受到损害。

数据库营销人员希望在数据库的记录中找到这些特征信息。如果企业针对营销活动建立了活动管理系统，那么就能获得营销响应信息。有了这种系统，就能得到活动信息以及客户对这种活动响应的信息，这时营销人员就能了解每一位客户的整体营销响应历史。另一种获得客户查询信息的来源就是企业的官方网站。通过检查网页日志，我们能够查出客户的浏览量。在大多数情况下，浏览量代表了基本的信息查询需求。一家企业的网站被浏览的次数越多，就表明客户对该企业产品和服务的兴趣越大，也表明他们对企业的兴趣很浓厚。与此同时，在电话营销领域，无论是打进还是打出的电话，客户对企业产品和服务的问询远远超过投诉。

怎样将这种信息整合成有意义的，可用于衡量客户忠诚度的标准呢？将数据整合起来之后，就能通过网页浏览量和营销响应历史（活动管理系统）确立标准。分析师只要找到正确的字段就可以，无论是网页日志文件中的网页请求字段，还是某个活动的营销响应标志都可以。在这两种情况下，分析师都可以从特定字段中提取出信息，从而了解客户活动或参与的情况。但是，在电话沟通中，与兴趣相关的信息隐藏在客户与客服之间的对话中，是非结构化的。非结构化数据也就意味着，这个信息无法在分析过程中体现在某个字段中，相反，我们还需要回顾对话内容以提取有意义的信息。从非结构化数据中提取有意义的信息已经成为时下数据挖掘研究的重要热点，通常被称为“文本挖掘”。这块内容我们将在下一章讨论。利用这门技术，我们可以对对话、评论以及任何形式的文本进行挖掘，从而提炼出有意义的信息。在提取有意义的客户忠诚度评判标准时，我们可以运用文本挖掘从对话或者评论中判断客户投诉或者客户感兴趣的程度。

利用活动管理系统、互联网和文本挖掘技术，我们可以用新的方式建立客户忠诚度标准，而不再局限于基本的短期购买行为。从长期角度制定客户忠诚度衡量标准能够保证将更广泛的客户互动和相关行为也纳入衡量标准。营销人员应该用工具武装自己，增强客户与企业的互动关系，确保长期客户持续不断地为企业贡献利润。

Data Mining For Managers

How to Use Data to Solve Business Challenges

第 29 章

数据挖掘前沿领域：文本挖掘

数据挖掘师和分析师习惯与结构化数据打交道，例如按照行和列整齐排列的数据。诸如年龄收入、购物支出以及购物日期之类的数据通常都可以体现在表格或字段中。随着数据挖掘技术的进步，现在我们已经可以分析非结构化的文本数据。也就是说，现在我们也可以对语言和沟通中传递的信息进行分析。这一新兴学科通常被称之为文本挖掘或者文本分析。我们立即会想到问题可能是，这与搜索引擎技术有什么区别？在搜索引擎技术中，用户列出关键字或者关键词组，系统经过分析后会展示出一系列与关键字相关的文章、主题或者话题。文本挖掘同样是分析文本，但是用户不需要输入关键字，用户甚至不用知道自己在找什么。文本或者非结构化数据的主题叫作语料库，这个语料库会呈现给分析师。分析师利用文本挖掘工具可以判断出语料库的主题或者模式。例如，XYZ 企业希望通过市场分析找出客户投诉不断增加的原因。这时就可以应用文本挖掘技术，提取过去数个月中的客户邮件。分析邮件之后，分析师就能够找到相应的主题或者对话模式，找出客户投诉增多的特殊原因。

另一个典型的例子是产品开发。市场调查在这个领域很有用。例如，文本挖掘技术能够分析客户打进来的电话的记录，并发现特定服务需求的呼入模式。这个信息能够与市场调查一起帮助企业开发出更适合客户的产品和服务。

传统数据挖掘

大多数有经验的数据挖掘师和分析师在传统数据挖掘领域（结构化数据）拥有极具价值的专业经验。结构化意味着实际记录以行的形式呈现，而数据挖掘需要的信息则排成列。

记录可以反映信息是在何种水平上获取的细节。例如，记录可能是客户数据、交易数据、促销数据，或者任何一种企业需要的数据。同时，列中的信息可以认为是体现记录某一片段信息的变量，结构化数据如表 29-1 所示。

表 29-1 结构化数据示例（客户表和交易表）

客户表			
客户编号	家庭成员数量	邮编	收入（美元）
1	3	L1A3V1	125 000
2	2	M5S2G1	30 000
3	1	H4B2E5	40 000
交易表			
交易编号	日期	金额（美元）	产品类别
1	July 15/2009	100.00	A
2	Oct 1/2009	75.00	A
3	Sept 15/2009	200.00	C

表 29-1 展示的是一个客户文件和一个交易文件。在客户文件中，每一行是客户个人信息，每一列分别是客户编号、家庭成员数量、邮编以及收入四个变量。在交易文件中，每一行是个人交易记录，每一列分别是交易编号、日期、金额以及产品类别四个变量。在操作数据或者从原始信息中提取新信息时，结构化数据的灵活性比较大。对数据挖掘师来说，这是一种关键特性，本书中我们曾经深入讨论过数据挖掘过程中的大部分数据是如何得到的。

文本挖掘示例

我们前面曾经说过，文本挖掘用户一开始不知道自己在找什么，文本挖掘是一种在非结构化数据中寻找趋势或者模式的方法。除了营销（这个我们将在后面讨论），文本挖掘还应用于许多其他商业领域。其中，文件分类法就是一个重要的应用。过去，我们需要人工将文件分为有意义的类别，现在这个过程已经实现了自动化，但是仍然需要人力检查这种“自动过程”的正确性。

文本挖掘与标准的数据挖掘相类似，都是获得信息的过程。在这两种情况下，用户都不知道他们在寻找什么，而是通过分析海量数据从中获取有用的信息。非结构化数据是诸如电子邮件信息、电话对话、开放式调查以及各种社交网络中的对话等这样的文本数据。营销人员可以利用的渠道非常多，这一点非常重要。表 29-2 就是一个简单的非结构化数据示例。

表 29-2　邮件非结构化数据示例

客户编号	电子邮件
1	我非常喜欢 RRSP 产品，今后每年都会继续投资。但是其服务水平不符合标准，我会寻找其他企业。但是这估计很困难，因为我在这个机构购买了很多产品。
2	我希望这家企业能多给我推荐符合我需求的产品和服务。客户人员非常棒，尽职尽责。但是企业很明显没有考虑我的需求。
3	服务水平非常突出，我对企业推荐的产品和服务非常感兴趣。请问能给我多发一些信息吗？

在本例中，三名客户分别给企业发了一封邮件。我们将通过数据挖掘分析“电子邮件”这一列中的内容。分析师需要从这里提取信息。他们如何做到这一点？他们可以根据某些条件创造二进制变量或“是 / 否”变量，创造可变变量，或者通过数学方法得出变量，例如平均值、标准偏差、中值等。例如，在结构化的世界中，根据客户居住地的邮编，可以简单地创造出关于一位客户是否居住在魁北克省的二进制变量。在非结构化的世界中，挑战在于怎样从一堆句子里生成新变量。问题的关键在于文本中的信息可以也应该得到利用。从这种非结构化数据中提取变量，并不比从结构化数据中提取变量困难，只是每一门学科应用的方法不一样。但这究竟意味着什么？

第 29 章

数据挖掘前沿领域：文本挖掘

文本挖掘程序

挖掘非结构化文本数据的第一步就是做一些数据清理工作，也就是首先要删减一些无法提供信息的文本。这些文本包括句子中的标点符号，例如逗号、句号等；还有介词，例如“the”“of”等；还有代词，例如“she”“he”等。表 29-2 所示的例子经过数据清理后变成了表 29-3 所示的样子。也就是说，只从中提取关键信息。

表 29-3　对邮件文本进行数据清扫示例

客户编号	电子邮件
1	非常喜欢 RRSP 产品今后每年都会继续投资服务水平不符合标准寻找其他企业很困难购买了很多产品
2	希望企业能多推荐符合需求的产品和服务客户人员非常棒尽职尽责企业很明显没有考虑需求
3	服务水平非常突出对企业推荐的产品和服务非常感兴趣多发信息

下一步就是对那些数据清理之后留下的关键字根据频率进行分组。在第一步中，粗略观察某些词汇出现的频率。简单按频率分组后，数据就变成了表 29-4 所示的样子。

表 29-4　邮件关键字频率分布示例

词汇	频率
产品	3
服务	3
企业	2
水平	2
需求	2
服务	2

（续表）

词汇	频率
RRSP	1
（我）是	1
（我们）是	1
显而易见	1
企业们	1
……	

从这些信息中，我们能得出结论：需要讨论的关键字是“产品”“服务”“企业”“需求”和“水平”。然而，这时仍然还不能提供有意义的具体结论，真正棘手的过程还没有开始。

第三阶段就是找到文本中比较突出的词语和词组之间的关系。联系词语和创建常见词组正是文本挖掘软件厂商打广告时一定会突出的卖点。尤其是为政府提供文本挖掘服务的供应商，因为他们提供的服务就包括通过分析电话内容检测犯罪活动。另外两种更常见的技巧就是关联分析（关键字分析）和分组分析法（或聚类分析法）。关联分析可用来辨认那些一起出现频率更高的词组，而聚类分析法或分组分析法能够找到那些拥有共同主题的词组。聚类分析法可用来将各种主题分成不同的组。这与聚类分析的传统用法类似，主要目的是细分客户，将行为和人口统计学特征更相似的客户放在一个组内，而客户之间彼此不同。例子中的三条记录，可能会出现三个不同的主题：

（1）产品和服务范围广；

（2）信息需求；

（3）服务水平。

第 29 章

情感分析

但是，即使这些记录中的三个常见主题是相同的，但是客户的感觉或者他们希望传达的情绪并没有体现在这三个主题中。反映情绪或者情感状态的分析，通常被称为情感分析，这是文本挖掘的一个扩展研究领域。事实上，这些状态可能是：

（1）我现在真的很喜欢这家公司，等客服接电话都要很长时间，他们还减少了服务项目；

（2）我现在真的很喜欢这家公司，因为它们投资了新的客户服务软件，还新雇用了 1 000 位经纪人。

第一句话是反讽，表达的是一种消极情绪，而第二句则赞扬了企业在服务方面作出投资的行为。因为人的大脑擅长解读语言和语调，所以这些句子里面的情绪我们可以轻易捕捉到。但是，设计一款能够体会情绪的软件则比较困难。事实上，两句话中都有“我现在真的很喜欢这家公司”这句话，但是它们因为语调不同而表达了完全不同的意思。文本挖掘工具不能根据语调作出区分，但是文本挖掘领域有一个分支被称为语音分析，它能够分析非结构化的语音数据，或许能做到这一点。语音分析供应商也在广泛研究如何分析语音数据中的情感。

市场营销兴趣

营销人员对文本挖掘信息很感兴趣，这是因为它代表了另一种程度的客户参与，这种信息可以为营销目标服务。尽管文本挖掘信息是非结构化的，但根据客户所讨论的主题类别对其进行分类时，仍然能够得到有意义的见解。除了主题分类，这种工具的更高级用法能够帮助营销人员根据情绪（积极、消极和中性）给客户分类。

下一步

在新兴的营销渠道（例如社交媒体）中，文本挖掘及其应用还属于新鲜事物。没有人可以说是这个领域的专家，因为我们现在积累的经验还不足。

就像许多新学科一样，实践者必须到达能够运用历史经验这个阶段，才足以应付分析带来的挑战。在大多数情况下，数据挖掘师和分析师都有很多年分析结构化数据的经验。他们拥有完善的技术，因此衡量投资回报率与理解影响投资回报率的因素就成为了分析师必备的素质。对许多数据分析师来说，这些技能有效帮助他们建立一些方法和过程，并广泛应用在各类分析中。在文本挖掘领域运用这些经验和专业性，营销人员就能充分研究这些新学科，从而开发出更优越的，同时包含结构化和非结构化数据的解决方案。

Data Mining
For Managers
How to Use Data to Solve Business Challenges

第 30 章

保险索赔风险数据分析和挖掘

针对财产保险使用数据分析和挖掘的主要优势表现为：能够更加有效地创建等级结构，或者在既定政策下为保险费定价。挑战则在于如何在这个领域建立最佳工具，尤其是怎样建立多元变量分析（Multi Variate Analysis，MVA）工具。在其他领域，比如营销和信用卡风险领域，使用预测分析和相关多元变量分析工具已经成为常态。为什么这会给财产保险领域带来挑战呢？毕竟保险精算员都拥有过人的计算能力。原因是，这并不仅仅是计算能力的问题，关键在于人们没有充分利用现有技术正确分析数据的知识。为了充分利用 MVA 工具，必须创建成千上万条个人政策记录，然后为每一条记录设置几百个变量，这就是数据挖掘师的核心技能。数据挖掘还是一门相对较新的学科，还没有开发出培训保险精算员的体系。尽管如此，保险精算员所接受的学校教育中的数学和统计知识完全可以应用在数据挖掘领域。然而，数据挖掘最重要的组成部分就是数据环境，这通常是一个资源密集的环境。如果没有合适的数据环境，通过 MVA 工具得出的结果就不具有优越性。

大多数尖端企业已经认识到，为了弥补保险精算员数据挖掘知识的不足，应该让数据挖掘师与保险精算员协同合作。在保险风险知识方面，数据挖掘师不及保险精算员。这在保险率必须与政府法规保持一致时尤其重要。拥有高超数学能力的保险精算员再加上保险部门，就能够建立可靠的、市场可以接受的等级结构。然而，MVA 工具（这属于数据挖掘师的传统领域）能够帮助企业进一步巩固等级顺序。保险精算员对 MVA 技术的知识并不陌生，但是他们并不擅长创建必要的数据环境。将保险精算员的能力与数据挖掘师的专业性结合起来，企业就能得到能够充分利用数据环境的 MVA 解决方案。保险精算员对市场的了解可以帮助企业进一步完善这些解决方案。也就是说，最终的定价或者等级解决方案需要在数据挖掘师和保险精算员的通力合作下才能得到。这也就是说，数据挖掘师需要加强对保险精算员归档机制的理解，而保险精算员需要充分理解数据环境及其重要性。

Data Mining
For Managers
How to Use Data to Solve Business Challenges

第 31 章

思考未来：大数据及其在分析中的重要角色

近来媒体一直在大肆宣传大数据。那么现实究竟是怎样的？大数据真的像许多专家说的那样吗？对经验丰富的数据挖掘实践者来说，大数据是一种常态。20 世纪 80 年代末期，美国运通公司建立预测模型时，数据挖掘师面对的是 100 万条持卡者记录，以及上亿条交易记录。此时，挑战在于如何将原始信息转化成有意义的分析文件，使之成为预测模型需要的数据。那个时候，营销数据库和数据仓库对数据挖掘实践者来说已经不陌生。为了利用诸如传统主机系统之类的原始工具，数据挖掘师需要对使用作业控制语言（Job Control Language, JCL）和存储数据的技术知识有一定的了解。为了存取光盘或者磁盘上的数据和输入，还需要数据挖掘师懂得如何在大数据环境中优化数据挖掘技术。

例如，在创建分析文件时，文件中有数百个变量很常见。数据挖掘师通过密集的编程创建出了分析文件。在任何编程过程中，程序都需要经过严格测试，以确保实现建立分析文件这个编程目标。为了有效实现这一目标，我们要通过测试和快速反馈反映预期结果。然而，100 万条记录和上亿条交易记录数据都存储在磁盘中，实际的编程程序就变成一个批量工作，无法迅速得到结果，而要等到第二天。为了在创建分析文件时使用最有效的编程测试方法，实践者会选择一小部分随机的原始数据，然后将这部分数据存储在光盘上。存储好数据后，实践者可以在样本数据上测试程序，然后决定是否改写程序。这种方法能够更加快速地创建分析文件，哪怕只有原始工具可用。这种使用随机数据的方法同样可以应用在数据挖掘过程的第三阶段中，也就是利用统计方法开发模型的阶段。

正如前面美国运通公司的例子那样，数据挖掘师在大数据环境中处理信息的灵活性是在短时间内建立有效数据挖掘工具的关键。随着个人计算机的不断改进，以及营销数据库和数据仓库的引进，改善后的大数据技术基础设施加速了数据挖掘学科的发展。但是，尽管技术有了进步，但随着客户关系管理重要性的日益增长和互联网的不断发展，数据量仍然呈爆炸式增长。社交媒体进一步刺激了这种爆炸式的数据增长。那么，海量数据是数据挖掘师面临的真正挑战吗？答案是否定的。那么，大数据世界中数据挖掘师面临的挑战到底是什么呢？

首先，我们来考虑一下权威人士关于大数据的说法和“三个 V”（海量、多样性和高速）。之前说过，海量信息对数据挖掘师来说绝不是一种新现象。这是什么意思呢？多样性意味着信息和数据会以不同形式出现。最佳例证就是社交媒体中的非结构化数据和半结构化数据。博客、视频、邮件、短信、电子邮件以及网页访问的日志文件，这些都是非结构化数据。对许多数据挖掘师来说，只要数据是结构化数据，数量根本不是问题。但如果数据是非结构化的呢？在优化信息实现数据挖掘目的时，我们需要用到新的工具、技术和技巧。

过去提取和挖掘结构化数据的旧方法已经不再适用。那些能够从字词中间而非行列之间提取信息的工具和提取关键信息的编程技术现在能帮助分析师有效适应这种新形势。分布式系统平台让企业可以更加有效地处理数据。诸如 NoSQL、Python、Pig 和 Java 这样的编程语言工具能够提取有价值的信息。数据挖掘师的关键任务是找到最佳方案，提取数据，将数据转化成变量，而这些变量对手商业目标应该是有意义的。

对大数据和大数据分析的强调将数据挖掘的重点放在了数据本身而不是数学方法上。这又重新回到了数据挖掘的四个基本步骤。也就是说，整个过程从找出数据挖掘挑战或者问题开始，下一步是建立正确的分析文件——在大数据环境中完成。大多数有经验的数据挖掘师喜欢讨论大数据，因为这样可以增进人们对数据挖掘的认识，更重要的是，提高人们创建正确数据环境的能力。数据科学这类新术语证明了数据在数据挖掘过程中的重要性。数据科学就是数据挖掘师运用严格的科学方法处理数据。从数据挖掘师的角度来看，这算是什么新事物吗？数据一直都是数据挖掘领域发展的核心基础。

我们一起来深入了解一下数据科学家和价值架构师的角色，这些人参与到了每一个数据分析项目中。在20世纪80年代，这些角色存在于许多领先的直销企业中。直销企业拥有关键模型分析师（现在称为数据科学家），他们建立了直邮响应模型。但是，这些模型只能由营销参与者使用，这些人现在通常称为价值架构师。这就要求将两种学科结合起来，也就是数据科学家需要懂得市场营销，而价值架构师要懂得建模。如果不是因为这两个领域内的专业知识如此重要，这种所谓的跨领域知识就会变得无关紧要。

为了更好地理解这两种角色，最好的方法是看看其在直销领域的价值，因为直销领域是数据挖掘解决方案的发源地。在分析盛行的早期，这门学科仅仅是一种战术方法。整体营销战略是由营销部门的关键领导人决定的。特殊战术，例如营销活动，需要在这种战略的基础上执行。为了确保这些活动获取尽可能多的回报，营销人员可以进行分析，然后优化效率。

在这个过程中，这两种角色（数据科学家和价值架构师）既不相同又相互补充，结合在一起可以实现共同的目标。营销人员通常已经设计出活动，并计算出了预算。早些时候，减少预算是分析师的主要目标。也就是说，分析能够提供洞见，帮助企业设计基本的商业规则，从而降低成本。例如，在获得新用户的时候，找出关键名单和特殊的基于加拿大人口统计数据的细分市场是非常重要的。这时，营销人员只需要理解新客户与普通客户之间不同的特点就可以。随着时间的推移，通过这种信息降低的成本就会逐渐变少，这就意味着需要采用更加高级的分析方法。营销人员希望建立一种模型，因此他们就去和数据科学家商谈。价值架构师或者营销人员会解释活动的目的，通常情况下，他们会定义出所需的建模工具。仔细听取营销人员的活动目的后，建模分析师考虑需要评估哪些数据，例如，他们有什么数据源能够建立获取新客户模型和保留模型。建立模型时，数据科学家同样必须考虑他们能否建立必要的数据环境，为模型提供有意义的信息，以及他们是否拥有可以创建目标函数或者目标变量的数据。更重要的是，他们必须评估自己是否具备可以同时创建信息和分析环境的软件，并且可以运行不同的统计程序。

在当今的数据环境中，分析是一种协作性更强的过程，营销和商业战略都是由数据驱动的。对企业来说，通过数据发现进入分析领域已经屡见不鲜。数据发现是一种用来定义数据战略的流程，这种数据战略可以解决企业的商业需求。这种协作的方式可以帮助企业找到执行战略所必需的战术。

大数据的重要性不断增长，数据科学家和战略架构师的重要性也日渐凸显。即便有了社交媒体和文本数据，理解语境和有意义的商业洞见仍然是价值架构师的主要职责。与此同时，利用并提取有意义信息的能力就成为了数据科学家的责任。随着大数据在一家企业的企业文化中日渐重要，这两个角色也会更加举足轻重。这也会促进价值架构师和数据科学家之间的协作。没有他们的通力合作，企业在全新的信息和大数据时代就会处于劣势。

企业可以搜集急剧增长的数据，但是怎样才能理解这些数据呢？数据之间往往是无关的，并且这种原始数据往往是无意义的，企业需要从中提取有意义的信息。

即便是结构化的原始数据也必须转换成有意义的信息。例如，邮编信息本身是没有用的，但是将邮编信息分组，例如按照地区分组，这种数据就瞬间变成了有意义的变量。一个很经典的将原始的结构化数据转换成有意义信息的例子就是交易数据。数据挖掘师或者数据科学家可以创建不同种类的交易行为变量。原始交易数据可以用以下三个字段汇总为数不清的排列：

- 数量；

- 日期；
- 类型。

除了几乎无尽的汇总，数据科学家或数据挖掘师还可以发现变化。例如，分析师可以利用日期字段判断行为怎样随着日期变化，并且可以将这种改变与交易类型联系起来。

这就是说，连接数据的能力是至关重要的。例如，在线行为、购买或交易、活动历史和人口统计学行为等方面的信息都需要联系起来，从而获得对个人或者客户的整体了解。此时，我们需要精妙技术找出文件和表格之间的关系，以及连接表格的方式。通常情况下，分析师必须填满字段从而将表格联系起来，这也就要求他们拥有专业技术。

将原始数据转换为有意义的变量是非常复杂的，工作量也很大。成功完成这个过程的关键是什么？回顾我们的数据挖掘四大步骤，第一步就是确认商业问题。然后分析师必须用他们的“魔力”处理数据。这种“魔力”本质上来自于两个方面：

- 商业领域的知识，以及获得商业成功所必备的知识；
- 根据问题或挑战将当前的数据环境转换为有意义的变量。

到目前为止，这本书一直在强调数据科学家的观点非常重要。价值架构师或者关键商业利益相关者的观点也同样重要。例如，数据科学家主要关注信息环境，而价值架构师的重点则在商业领域。他们的观点必然会在某种程度上出现重合，有人则认为最成功的解决方案能在两个领域各自保持核心优势的同时，还具有明显的重合部分。

数据是企业的核心资产，其重要性不断提升，是它保证了数据科学家和价值架构师的重要性。在数据挖掘领域开启职业生涯的人最终必将走向企业的管理岗位。我衷心希望这本书能够帮助你提高数据挖掘能力，同时为你提供一些有价值的参考。

DATA MINING FOR MANAGERS

ISBN: 978-1-137-40617-0

First published in English by Palgrave Macmillan, a division of Macmillan Publishers Limited under the title Data Mining for Managers by Richard Boire. This edition has been translated and published under licence from Palgrave Macmillan. The author has asserted his right to be identified as the author of this Work.